歐盟碳排放
交易市場的結構特徵研究

李瑾坤、吳恆煜、胡根華 著

財經錢線

前　言

　　全球氣候變暖是人類面臨的來自自然環境的主要挑戰之一，而二氧化碳氣體的排放是造成這一問題的主要因素，因此，控制二氧化碳排放量就成為應對全球氣候變暖的重要舉措。經過 10 多年的發展，歐盟碳排放交易①市場已經得到了快速的成長。歐盟排放配額（European Union Allowance，EUA）和核證減排量（Certified Emission Reduction，CER）作為歐盟碳排放交易市場的兩個主要交易標的物，其交易所形成的市場已經發展成為一個重要的貿易市場。

　　隨著碳排放交易市場的不斷發展，該市場的資本化程度逐漸深化，其金融屬性也日益顯現，並逐步融入國際資本市場體系之中。經濟金融全球一體化的發展，使得碳排放交易市場與其他資本市場之間的關係變得更加複雜，並呈現出非線性的相依結構。準確度量這種相依性結構，對資本市場上的風險管理、投資組合分析、套期保值策略、產品定價等方面都具有現實意義，尤其是在經濟危機與金融危機爆發期間。Copula 函數的構建，為刻畫資本市場之間的相依性結構提供了理論基礎。Copula 函數的種類繁多，包括二元、多元以及藤分解結構等，使得引入 Copula 函數來研究碳排放交易市場之間的相依性具有了可行性。

　　儘管歐盟碳排放交易市場已經歷了 10 餘年的發展，但仍然不完善，市場結構容易受到外界信息的衝擊而發生變化，從而產生很大的市場不確定性。由於具體制度安排、政策導向、排放與減排目標不同等因素，碳排放

---

　　① 碳排放交易指碳排放權交易。

交易市場可能存在結構轉換與跳躍特徵。針對碳排放交易市場結構轉換與跳躍特徵的相關研究，有利於進一步分析歐盟碳排放交易市場上資產價格的波動特徵及其驅動因素，有利於探討市場之間套期保值策略，有利於提高碳排放權市場產品的定價精度，也有助於進一步探討市場制度安排。正是基於此，本書對中國碳排放交易市場的發展具有一定的參考與借鑑意義，尤其在設計中國碳排放交易機制方面。

鑒於此，本書選取歐盟碳排放交易市場作為研究對象，主要從以下三個方面展開研究：第一，基於 Copula 函數與藤分解結構分析市場的相依結構；第二，基於馬爾科夫機制轉換模型分析市場的波動聚集與結構轉換特徵；第三，基於自迴歸跳躍強度模型分析市場的時變跳躍行為。

本書的結構安排如下：

第一章為緒論。本章主要闡述本書的研究背景與研究意義、研究問題的界定、研究內容與研究方法、研究的基本思路與技術路線圖、可能的創新。

第二章為相關研究綜述。首先，梳理國內外研究文獻，整理分析國內外學者研究國際碳排放交易市場以及對碳金融產品研究等相關研究的最新動態，從可行性的角度發掘進一步的研究方向。然後，分別從資本市場結構相依特徵、資本市場結構轉換與跳躍行為特徵等方面綜述國內外最新研究動態，探討本書的研究方向。

第三章為碳排放交易市場動態相依性分析及風險測度。本章引入 Copula 理論來研究歐盟碳排放交易市場的相依性結構特徵。結合 GARCH 模型和 Copula 函數，選取 2009 年 3 月 13 日—2010 年 8 月 4 日的歐盟排放配額和核證減排量的日交易價格數據來進行相關問題的研究。首先，採用 GARCH 模型對收益率序列進行擬合併過濾得到殘差序列，進而將殘差序列進行標準化，得到標準化的殘差序列。然後，採用學生 t 分佈的 DCC 模型、學生 t 分佈的 TVC 模型、高斯分佈的 DCC、高斯分佈的 TVC 以及 SJC

-Patton模型五種動態Copula模型對標準化的殘差序列進行建模，並採用總體擬合的方法來選取合適的Copula函數。進一步地，運用蒙特卡羅模擬方法來模擬市場的投資組合的在險價值。研究表明：第一，與其他動態Copula模型比較，學生t分佈的DCC Copula模型在捕捉歐盟排放配額與核證減排量市場的相依性方面表現最好。第二，歐盟排放配額與核證減排量市場之間呈現出較大的尾部相依特徵，且是對稱的，而尚未發現非對稱的依據，也即在市場發生極端事件的情形下，兩種市場之間發生聯動的概率較大，且極端好事件與極端壞事件發生的概率相當。第三，歐盟排放配額各市場之間呈現出顯著的動態相依特徵，且歐盟排放配額和核證減排量期貨市場之間的動態尾部相依特徵也比較明顯。第四，儘管歐盟排放配額和核證減排量市場之間的相依程度較大，但選擇合適的資產投資組合，仍然能夠降低一定的投資風險。

第四章為碳排放交易市場結構相依特徵研究：基於規則藤方法。本章基於規則藤分解結構，構建國際碳排放權市場高維動態Copula相依模型，進一步探討國際碳排放權市場的相依結構特徵。選取歐盟排放配額（EUA）期貨的日價格時間序列數據，首先假設新息序列服從學生t分佈，運用ARMA-GARCH模型對經調整的對數收益率序列進行過濾，採用極大似然方法估計模型的參數，並得到殘差序列，同時將其標準化而得到標準化殘差；然後，將Kendall's tau秩相關係數作為權重，採用最大生成樹算法（maximum spanning tree algorithm）的序貫Copula選擇方法構建合適的規則藤Copula模型，並運用基於序貫的極大似然方法估計規則藤Copula模型，以描述碳排放交易市場之間複雜的相依結構特徵。研究發現：在無條件下，t-copula函數可以較好地捕捉碳排放交易市場之間的相依關係，說明市場存在明顯的對稱尾部；在Dec10 EUA、Dec12 EUA、Dec13 EUA市場相依結構固定下，Dec11 EUA與Dec14 EUA市場之間的相依結構可以採用Gaussian copula函數來描述，而在Dec10 EUA、Dec13 EUA市場相依結

構確定不變的情形下，Dec12 EUA 與 Dec14 EUA 市場之間的相依結構則適合採用 Frank copula 函數來捕捉，說明這些市場之間並沒有出現尾部特徵。進一步地，分別選擇 White 信息矩陣等式擬合優度檢驗和基於概率積分轉換（probability integral transform，PIT）與經驗 Copula 過程（empirical copula process，ECP）混合方法的擬合優度檢驗，且後者基於 Bootstrap 方法，以 Cramer von Mises（CvM）檢驗統計量作為度量測度，來對模型進行擬合優度的檢驗。研究發現，構建的規則藤 Copula 模型能夠較好地捕捉碳排放交易市場之間的相依結構。這一研究結果，為準確探討碳排放交易市場之間、碳排放交易市場與其他資本市場之間套期保值策略提供了一定的參考，也有利於提高碳排放交易市場產品定價的準確度。

第五章為碳排放交易市場的狀態轉換結構研究。本章研究歐盟碳排放交易市場的波動集聚與結構轉換特徵。選擇 2010 年 1 月 4 日至 2014 年 6 月 30 日的 EUA 現貨價格、EUA 期貨價格（連續）和 CER 期貨價格（連續）的日數據，結合 AR-GARCH 與 Markov 機制轉換模型，從收益率、殘差和波動率三個角度進行研究。研究表明：第一，碳排放交易市場收益率序列存在顯著的波動聚集的特徵，其分佈特徵也呈現尖峰厚尾的特點，這表明 EUA 現貨市場與期貨市場、CER 期貨市場都存在較大的尾部結構風險，市場發生極端事件的概率較大。第二，在碳排放交易市場的發展過程中，該市場的收益率序列、殘差序列、波動率序列都會呈現出明顯的不同狀態的轉換結構特徵。其中，在學生 t 分佈的條件下，歐盟碳排放交易市場在上漲狀態、盤整狀態和下跌狀態的期望持續期都相等，大約為 5 天。第三，碳排放交易市場從市場盤整狀態和下跌狀態變化為上漲狀態的轉換概率比較小，說明當市場處於某一狀態時，該狀態將會持續較長一段時間。

這一研究結果，能夠為市場投資者提供一定的參考。一方面，根據市場所處上漲狀態以及該狀態的期望持續期，市場投資者可以選擇進入市場

的最佳時機；另一方面，短期市場投資者也可以預測市場價格的走勢，選擇合適時機退出市場，以規避市場風險。

　　第六章為碳排放交易市場的時變跳躍研究。本章引入 ARJI-GARCH（自迴歸跳躍 GARCH）模型，研究碳排放交易市場產品價格的時變跳躍行為特徵。選取 2010 年 1 月 4 日到 2014 年 12 月 31 日歐洲氣候交易所歐盟碳排放配額（EUA）現貨價格的日數據，首先構建常數跳躍強度模型來研究不同發展階段上 EUA 收益率數據的跳躍行為，然後假設跳躍幅度具有條件動態性，運用 ARJI-R_t GARCH 模型、ARJI-R_{t-1}^2 GARCH 模型來檢測跳躍幅度及其方差是否對市場波動率存在敏感性，採用 ARJI-h_t GARCH 模型來檢測跳躍幅度的方差對 GARCH 波動率是否具有敏感性。研究表明：第一，碳排放交易市場 EUA 的收益率發生了異常波動，且這種異常波動的狀態將會保持一段時間。第二，在不同階段，EUA 現貨市場的跳躍強度存在一定的差異，市場跳躍行為呈現出動態的時變性，其中歐盟排放交易機制第三階段上的跳躍強度要明顯大於第二階段。第三，引入動態跳躍強度的 ARJI-R_t GARCH 模型、ARJI-R_{t-1}^2 GARCH 模型、ARJI-h_t GARCH 模型，均優於常數跳躍強度 GARCH 模型，碳資產價格存在明顯的時變跳躍特徵。第四，受離散隨機事件衝擊而產生的跳躍與整個市場的波動率、GARCH 波動率之間都存在顯著的敏感性。第五，歷史離散隨機事件對碳排放權市場的衝擊程度較小，且不存在持久性。根據研究結果，筆者發現歐盟碳排放交易市場的收益率序列確實呈現出時變跳躍的特徵，這為進一步引入跳躍過程來研究碳排放交易市場的定價問題提供了一定的理論基礎。

　　由於時間倉促，本書中難免存在不足之處，歡迎廣大讀者批評指正。

吳恒煜

目　錄

1 緒論 / 1

　1.1　選題背景與意義 / 1

　1.2　問題的界定 / 3

　　　1.2.1　市場的結構相依特徵 / 4

　　　1.2.2　市場的狀態轉換特徵 / 5

　　　1.2.3　市場的跳躍行為特徵 / 6

　1.3　研究內容與研究方法 / 6

　　　1.3.1　研究內容 / 6

　　　1.3.2　研究方法 / 9

　1.4　結構安排 / 10

　　　1.4.1　研究基本思路 / 10

　　　1.4.2　本書的技術路線圖 / 11

　1.5　創新之處 / 12

2 相關研究綜述 / 16

　2.1　碳金融市場研究 / 16

　　　2.1.1　國外碳金融市場研究 / 17

　　　2.1.2　國內碳金融市場研究 / 29

　　　2.1.3　研究述評 / 33

- 2.2 資本市場結構相依特徵研究 / 34
  - 2.2.1 國外相依特徵研究 / 34
  - 2.2.2 國內相依特徵研究 / 49
  - 2.2.3 研究述評 / 55
- 2.3 資本市場結構轉換與跳躍行為特徵研究 / 57
  - 2.3.1 資本市場結構轉換特徵研究 / 57
  - 2.3.2 資本市場跳躍行為特徵研究 / 58
  - 2.3.3 研究述評 / 62
- 2.4 本章小結 / 63

3 碳排放交易市場動態相依性分析及風險測度 / 65

- 3.1 引言 / 65
- 3.2 基本模型與方法 / 68
  - 3.2.1 GARCH 模型 / 68
  - 3.2.2 Copula 函數 / 69
  - 3.2.3 動態條件相關模型 / 72
  - 3.2.4 投資組合 VaR 計算 / 73
- 3.3 數據來源與實證研究 / 75
  - 3.3.1 數據說明 / 75
  - 3.3.2 實證分析 / 76
- 3.4 本章小結 / 85

4 碳排放交易市場結構相依特徵研究：基於規則藤方法 / 88

- 4.1 引言 / 88
- 4.2 基本模型與方法 / 91
  - 4.2.1 二元 Copula 函數 / 91

4.2.2　藤 Copula 函數／95

4.2.3　規則藤結構／97

4.2.4　規則藤 Copula 參數估計／99

4.2.5　擬合優度檢驗／100

4.3　數據來源與實證研究／102

4.3.1　數據描述／102

4.3.2　邊緣模型參數估計結果／104

4.3.3　規則藤 Copula 模型構建／105

4.3.4　規則藤 Copula 模型參數估計結果／108

4.3.5　模型的擬合優度檢驗結果／110

4.4　本章小結／110

5　碳排放交易市場的狀態轉換結構研究／113

5.1　引言／113

5.2　基本模型與方法／118

5.2.1　AR-GARCH 模型／118

5.2.2　機制轉換模型／118

5.2.3　參數估計／120

5.3　數據來源與實證研究／121

5.3.1　數據說明／121

5.3.2　AR-GARCH 模型參數估計結果／124

5.3.3　機制轉換模型參數估計結果／127

5.3.4　狀態的識別與平滑概率分析／131

5.4　本章小結／133

6 碳排放交易市場的時變跳躍研究 / 135

6.1 引言 / 135
6.2 模型與方法 / 139
- 6.2.1 ARJI-GARCH 模型 / 139
- 6.2.2 參數估計 / 141

6.3 數據來源與實證研究 / 142
- 6.3.1 數據說明 / 142
- 6.3.2 實證研究與分析 / 144

6.4 本章小結 / 150

參考文獻 / 153

附錄 部分動態 Copula 模型參數估計結果 / 191

1　緒論

1.1　選題背景與意義

　　氣候變暖問題變得日益嚴峻，且已經成為人類面臨的來自自然環境的主要挑戰之一。這一問題的形成，是由於溫室氣體的排放量過多，而二氧化碳又是主要的溫室氣體來源。因此，對二氧化碳排放量的控制就成為應對全球氣候變暖的重要舉措。建立碳排放交易市場，是採用經濟學理論來解決氣候變暖問題的具有重要價值的一種途徑，其最終目標是發展綠色經濟與低碳經濟。目前，歐盟排放配額（European Union Allowance，EUA）和核證減排量（Certified Emission Reduction，CER）分別作為歐盟碳排放交易市場的一級市場與二級市場主要交易產品，其交易所形成的市場已經發展成一個重要的新興貿易市場。隨著碳排放交易市場的不斷發展，這一市場的資本化程度也逐漸得到深化，其金融屬性日益顯著，且碳排放權的衍生品也逐漸被開發出來，進而逐漸形成了碳金融市場，並融入國際資本市場體系之中。經濟全球一體化的發展，使得資本市場之間的關係變得越來越複雜。作為新興資本市場之一，碳排放交易市場不再是一個完全獨立的市場，其發展與價格走勢也會受到其他資本市場的影響。碳排放交易市場的價格波動，不僅僅受到市場本身因素的影響，如制度安排、內部政策的調整等，還受到包括能源、股票、基金、其他商品等在內的市場的影

響，更會受到天氣、國際政治背景等因素的影響。國內外研究都表明，碳排放交易市場與其他資本市場產品價格之間呈現出顯著的聯動關係，且這種關係越來越複雜，即從相對簡單的線性相關關係變為複雜的非線性相關關係，也即相依性。準確度量不同資本市場之間的相依結構特徵，對資本市場上的風險管理、資本產品的投資組合分析、市場套期保值策略的制定、產品定價等方面都具有很強的現實意義，尤其是在經濟金融危機爆發期間。Sklar（1959）提出的 Copula 定理，為刻畫、捕捉資本市場之間的相依結構特徵提供了重要的理論支撐。隨著眾多學者的不斷研究，Copula 函數的種類日益繁多，且存在二元、多元以及藤分解結構等，這使得引入 Copula 函數來研究碳排放交易市場之間的相依性具有可行性。

目前，碳排放交易市場已經有 10 多年的發展歷史，但該市場仍然發展不完善，市場結構容易受到外界信息的衝擊而發生變化，並產生很大的市場不確定性風險。同時，碳排放交易市場在發展過程中，出現多個發展階段。歐盟碳排放交易市場自 2005 年建立以來，已經經歷了兩個階段，且從 2013 年 1 月 1 日起，歐盟排放交易體系進入第三個階段。在不同發展階段，由於具體制度安排、政策導向、排放與減排目標不同等因素，碳排放交易市場產品價格可能存在上漲、盤整、下跌三種狀態之間的轉換特徵。同時，碳排放交易市場與其他資本市場具有一個明顯的差異，就是容易受到天氣因素、國際政治背景因素等的影響，這些因素更可能促使碳排放交易市場產品價格出現較大幅度的異常波動，即呈現出跳躍的特徵。這些特徵的顯現，不僅對市場決策者在制定相關政策方面起到一定的警示作用，也給市場投資者實施投資策略時在風險規避方面提供了一定的參考。正是基於此，在充分考慮市場信息衝擊的前提下，針對碳排放交易市場價格的狀態轉換特徵和跳躍行為特徵的研究，對於風險管理領域就顯得十分重要，尤其是在發展綠色經濟、低碳經濟的背景下。本書的研究，為準確探討碳排放交易市場之間、碳排放交易市場與其他資本市場之間套期保值策

略提供了一定的參考意義，有利於提高碳排放權市場產品定價的準確度，也有利於分析歐盟碳排放交易市場上資產價格的跳躍特徵及其驅動因素，從而進一步探討市場制度的完善。

中國是世界上碳排放權出口的主要國家之一。作為中國第一個碳排放交易所，深圳碳排放交易所於2013年6月18日正式開始交易，這標誌著中國在發展低碳經濟的道路上邁出新步伐，也為與國外的碳排放交易體系相接軌提供了前提基礎。2015年9月25日，在中美發表的《氣候變化聯合聲明》中，中國承諾在2017年啟動全國碳排放交易體系，這有利於與全球碳排放交易體系接軌，也有利於中國與世界各國共同應對氣候問題。目前，我們應結合中國實際情況並借鑑國外經驗，進一步完善中國區域性的碳排放交易所，提高市場的運行效率，並通過研發更多的相關產品，優化配置中國的碳資源。因此，本書的研究對中國碳排放交易市場發展具有一定的參考與借鑑意義，尤其在設計中國碳排放交易機制方面。

1.2　問題的界定

全球氣候變暖，是人類面臨的來自自然環境的主要挑戰之一，而二氧化碳氣體的排放是造成這一問題的主要因素。因此，控制二氧化碳排放量就成為應對全球氣候變暖的重要舉措。歐盟碳排放交易市場，是世界上第一個碳排放交易市場，也是目前最大最為成熟的碳排放交易市場。隨著碳排放交易市場的不斷發展，這一市場的資本化程度也逐漸得到深化，其金融屬性日益顯著且更多的碳排放權衍生產品在市場上進行交易，並逐漸形成了碳金融市場，進而開始融入國際資本市場體系之中。

作為新興資本市場之一，碳排放交易市場呈現出與其他資本市場相類似的特徵，如波動溢出效應、價格發現效應等，且不再是一個完全獨立的

市場，其發展與價格走勢會受到其他資本市場的影響。因此，碳排放交易市場的價格波動，不僅僅受到市場本身因素的影響，如制度安排、內部政策的調整等，還受到包括能源、股票、基金、其他商品等在內的市場的影響，更會受到天氣、國際政治背景等因素的影響，這也是碳排放交易市場區別於其他資本市場的一個主要方面。另外，歐盟各國是在自願減排的基礎上，逐步發展了歐盟碳排放交易市場，且該市場存在總量控制的特徵。鑒於碳排放交易市場具有一些與其他資本市場不同的特點，其市場結構在各種因素的衝擊下可能表現出一些不同的結構特徵。

正是由於上述因素的影響，碳排放交易市場不同產品市場之間、與其他資本市場之間存在相依性，市場本身也容易出現狀態轉換的結構特徵和跳躍行為特徵。本書主要選取歐盟碳排放交易市場作為代表性碳排放交易市場，採用一些經濟計量模型與方法，分析歐盟碳排放交易市場價格序列所呈現出的一些特徵，這些特徵也反應了整個碳排放交易市場的特徵。本書主要關注歐盟碳排放交易市場的三個方面，即市場的結構相依特徵、市場的狀態轉換特徵與市場的時變跳躍行為特徵。

1.2.1　市場的結構相依特徵

隨著歐盟碳排放交易市場的不斷發展，其資本化程度逐漸深化，金融屬性也日益顯著，從而使得該市場逐步融入國際資本市場體系之中。經濟、金融全球一體化的發展，促使碳排放交易市場與其他資本市場之間的關係變得更加複雜，並呈現出非線性的相依結構。尤其是在同時考慮眾多市場的情形下，研究並準確度量這種相依性結構，對碳排放交易市場上的風險管理、投資組合分析、套期保值策略、產品定價等方面都具有現實意義，尤其是在經濟危機與金融危機爆發期間。

Sklar（1959）提出的 Copula 定理，為刻畫、捕捉資本市場之間的相依結構特徵提供了重要的理論支撐。隨著眾多學者的不斷研究，Copula 函數

的種類日益繁多，且存在二元、多元以及藤分解結構等，後來這些方法更多地應用到很多資本市場的相關問題研究中。鑒於此，引入 Copula 函數和規則藤 Copula 分析框架來研究碳排放交易市場之間的相依性結構特徵，具有可行性。

1.2.2　市場的狀態轉換特徵

自 2005 年 1 月 1 日歐盟碳排放交易市場正式建立以來，該市場已經經歷了兩個階段，且從 2013 年 1 月 1 日起，歐盟排放交易體系進入第三個階段。儘管得到了快速的發展，但該市場仍然存在一定的不足。相對於股票市場等資本市場而言，歐盟碳排放交易市場仍然不成熟、不完善，該市場更加容易呈現出結構的狀態轉換特徵，尤其是在歐盟的碳排放交易體系被劃分為三個階段的情況下，且每個階段上歐盟碳排放交易市場的減排目標都存在差異。[①]由於資產收益率序列存在結構變化，其波動持續性水準就被高估（Lamoureux 和 Lastrage，1990）。於是，構建並採用基於結構轉換特徵的波動率模型來研究和預測歐盟碳排放交易市場的價格的波動性，進而從表象上預期該市場的價格走勢具有較強的現實意義。

歐盟碳排放交易市場在不同發展階段，由於具體制度安排、政策導向、排放與減排目標不同等因素，其產品價格可能存在上漲、盤整、下跌三種狀態之間的轉換特徵。馬爾科夫機制轉換模型，可以探討資本市場不同狀態之間的轉換概率，以及預測市場處於某一狀態的期望持續時間。因此，引入馬爾科夫機制轉換模型，來研究碳排放交易市場三種狀態之間的轉換具有可行性。

---

① 歐盟排放交易體系（European Union Emission Trading Scheme，EU ETS），劃分為三個階段：第一階段從 2005 年 1 月 1 日至 2007 年 12 月 31 日，這一階段主要採用免費分配的方式將 95% 的碳排放權分配給會員國的碳排放企業；第二階段從 2008 年 1 月 1 日至 2012 年 12 月 31 日，這一階段也是主要採用免費分配的方式將 90% 的碳排放權分配給會員國的碳排放企業；第三階段從 2013 年 1 月 1 日至 2020 年 13 月 31 日，這一階段的目標是將 75% 的碳排放權以拍賣的方式分配給會員國的碳排放企業。更加詳細的介紹，參見王遙（2010）。

1.2.3 市場的跳躍行為特徵

與其他資本市場相類似，隨機離散事件的發生會給歐盟碳排放交易市場帶來很大的衝擊，造成該市場的價格發生異常波動，甚至發生跳躍，尤其是在極端事件發生的情形下，如經濟金融危機。不僅如此，碳排放交易市場還與其他資本市場存在一些重要的差異，就是該市場更容易受到大氣、國際政治環境等因素的影響。這些因素的存在，更加容易使碳排放交易市場的資產價格呈現出跳躍的特徵，這影響到市場風險管理的規避、產品定價等多個方面。因此，深入探討歐盟碳排放交易市場產品價格的跳躍行為特徵，具有一定的現實意義。

Chan 和 Maheu（2002）提出自迴歸跳躍強度模型（ARJI 模型），來研究股票市場收益率的跳躍特徵，而 Gronwald 和 Ketterer（2012）將 ARJI-GARCH 模型引入歐盟碳排放交易市場 EUA 期貨價格的時變跳躍特徵研究中，但沒有探討跳躍幅度與整個市場波動率、歷史波動率的敏感性問題。根據現有文獻，針對碳排放交易市場的研究非常鮮見。鑒於此，引入 ARJI-GARCH 模型來研究歐盟碳排放交易市場的時變跳躍特徵及跳躍對波動率的敏感性問題，具有理論與實踐的可行性。

1.3　研究內容與研究方法

1.3.1　研究內容

國際碳排放交易市場是一個新興的貿易市場，且日益顯露出與其他資本市場類似的金融屬性。本書主要研究該市場價格序列的結構特徵，包括相依性結構特徵、結構轉換特徵與時變跳躍行為特徵。在研究過程中，本書主要是基於以下理論與模型，即 ARMA-GARCH 模型、Copula 理論與藤 Copula 分析框架、馬爾科夫機制轉換模型、自迴歸跳躍強度模型。

1.3.1.1 國際碳排放權市場相依性 Copula 模型的構建及實證研究

1. 基於 ARMA-GARCH 與 Copula 模型結合的二維相依模型的構建及實證研究

在實際過程中，不同市場或資產之間往往存在更加複雜的關係，而不僅僅局限於受到某一市場或某一資產的影響。況且，這種複雜的關係還不僅僅限於線性相關關係，更多地表現出非線性的相關關係，即相依性。鑒於此，本書結合 ARMA-GARCH 模型和 Copula 理論，構建二維 Copula-GARCH 模型，該模型可以捕捉兩個市場之間的相依結構特徵以及波動溢出效應等。但是，由於這類模型的構建比較容易，本書首先構建二維 Copula-GARCH 模型來探討國際碳排放權市場之間的兩兩相依關係，並在此基礎上，將該二維情形擴展到多維情形。

2. 基於 ARMA-GARCH 與 Copula 模型結合的多維相依模型的構建及實證研究

由於高維建模具有一定的困難，我們基於 GARCH-SV 模型類來構建因子 GARCH 模型，以緩解 SV 高維建模的壓力。本書放寬資產收益率單因子 GARCH（1, 1）模型的假設，將多維 GARCH 與 Copula 函數相結合，構建多維 Copula-GARCH 模型，用於研究國際碳排放權市場多種資產之間的相依結構特徵、波動溢出效應，以及多個市場或多個資產投資組合的收益與風險分析。

1.3.1.2 國際碳排放權市場相依性高維動態 Copula 模型的構建及實證研究

1. 基於動態條件相關結構的高維動態 Copula 模型的構建及實證研究

構建高維動態 Copula 模型是 Copula 理論與應用研究的一個重要方向。本書將二元 Copula 模型擴展到多維情形，並結合動態條件相關（DCC）模型，構建高維動態 Copula 模型，以研究具有高維特徵的國際碳排放權市場之間複雜的相依性。一方面，可以研究相依性的持續性特徵；另一方面，可以研究滯後期的標準化殘差乘積對動態條件相依系數的影響。在此基礎上，計算國際碳排放權市場資產投資組合的在險價值（VaR），進一步探討風險分散化問題，進而指導投資者進行投資組合的風險管理。

2. 基於動態藤結構的高維動態 Copula 模型的構建及實證研究

隨著金融危機的頻繁爆發，準確度量多個金融資產風險管理更加顯得重要。一般情形下，傳統的多維 Copula 模型在捕捉相依結構方面表現較好。然而，在高維情況下，這些多維 Copula 函數的刻畫效果仍然不十分理想，不能準確地捕捉到多個資產之間複雜的相依結構。為彌補這一不足，構建藤分解結構的 Copula 函數就成為最佳方法。基於 Bedford 和 Cooke（2001，2002）的藤結構分析框架，構建基於規則藤結構的 Copula 模型，並將其應用於國際碳排放權市場相依性的實證檢驗。

1.3.1.3 碳排放交易市場的狀態轉換結構研究

資產價格的結構轉換特徵是資本市場上普遍存在的一個特徵，且不成熟的資本市場會表現得更為顯著。Lamoureux 和 Lastrages（1990）認為，由於資產收益率序列存在結構變化，其波動持續性水準就被高估。因此，構建並採用基於結構轉換特徵的波動率模型來研究和預測資本市場資產價格的波動性，具有研究的可行性。鑒於碳排放交易市場可能存在上漲、盤整和下跌三種狀態，我們結合 AR-GARCH 與 Markov 機制轉換模型，從收益率、殘差和波動率三個角度研究 EUA 現貨市場與期貨市場、CER 期貨市場的波動聚集現象與結構轉換特徵，並預測市場結構處於不同狀態所持續的時間，以及不同狀態之間發生轉換的概率。

1.3.1.4 碳排放交易市場價格的時變跳躍

碳排放交易市場屬於新興市場，其機制仍不十分健全，且在發展過程中經歷了幾個階段，這在很大程度上導致市場發生劇烈的波動。同時，隨機離散事件的發生，也會給該市場帶來很大的衝擊，都可能會使市場出現跳躍行為。於是，本書引入 Chan 和 Maheu（2002）的 ARJI-GARCH 模型，分別構建常數跳躍強度模型、時變跳躍強度模型來研究歐盟碳排放權市場發生隨機跳躍的時變動態性。假設跳躍幅度的條件均值與方差都服從條件正態分佈，並設定條件均值與條件方差與前期資產收益率存在函數關係，分別構建 ARJI-R_t GARCH 模型和 ARJI-R_{t-1}^2 GARCH 模型來研究跳躍幅度及其方差是否都對市場波動率存在敏感性；構建 ARJI-h_t GARCH 模型，分

析跳躍幅度的方差對 GARCH 波動率的敏感性。

1.3.1.5 對中國發展碳排放交易市場的啟示

根據現有的文獻可知，歐盟碳排放交易市場存在明顯的結構相依特徵、結構轉換特徵與跳躍行為。歐盟碳排放交易市場是目前發展歷史最長且交易制度相對合理的碳排放交易市場之一。在發展過程中，該市場可以為新興的碳排放交易市場的發展提供一些參考經驗。而中國，於 2013 年 6 月 18 日才建立第一個碳排放交易所——深圳碳排放交易所。可以說，中國的碳排放交易市場才剛剛步入起始發展階段，需要借鑑歐盟、美國、澳大利亞等國家和地區的成功經驗。研究國外碳排放交易市場，尤其是歐盟碳排放交易市場結構相依特徵、結構轉換特徵與跳躍行為，對進一步完善中國碳排放交易市場制度安排、研發更多的碳金融衍生品、優化配置中國的碳資源等具有借鑑意義。

1.3.2 研究方法

本書運用了金融學、數學、統計學、計算機科學等多學科的相關知識，主要通過文獻梳理的方法確定本書研究的突破點。通過構建擬合效果最佳的 Copula 模型、規則藤 Copula 理論分析框架研究碳排放交易市場之間的動態相依性結構特徵，並採用蒙特卡羅模擬方法計算該市場產品投資組合的在險價值（VaR），以探討碳排放交易市場的風險分散化問題。同時，分別採用馬爾科夫機制轉換模型和 ARJI-GARCH 模型研究碳排放交易市場的結構轉換特徵和跳躍行為。

①通過文獻梳理的方法，發現現有研究的最新動態，並發現本書研究的突破點。

②通過構建 Copula-GARCH 模型和藤 Copula 分析框架，並進行參數估計，從而分析國際碳排放權市場的結構特徵。

③通過採用蒙特卡羅模擬方法，計算歐盟碳排放權市場資產投資組合的在險價值（VaR），研究該市場的風險分散化問題。

④將 AR-GARCH 族模型與 Markov 機制轉換模型相結合，構建合適的

MRS-GARCH 狀態轉換模型，並將該模型應用於碳排放交易市場狀態轉換結構特徵的分析，研究市場處於某一狀態的期望持續時間，以及不同狀態之間發生轉換的概率。

⑤結合 ARJI 模型與 GARCH 族模型，選擇合適的 ARJI-GARCH 模型，研究碳排放交易市場價格序列存在的跳躍行為。

1.4　結構安排

1.4.1　研究基本思路

①第一章，闡述本書的研究背景與研究意義、研究問題的界定、研究內容與研究方法、研究的基本思路與技術路線圖、可能的創新。

②第二章，梳理國內外研究文獻，通過整理分析國內外學者研究國際碳排放權市場以及對碳金融產品研究等相關研究的最新動態，提出一些未來研究的可行方向。

③第三章，將歐盟碳排放交易市場 EUA 和 CER 作為主要研究對象，結合 Copula 函數、DCC 模型與 ARMA-GARCH 模型，構建歐盟碳排放交易市場二維和多維相依性 Copula 模型，研究歐盟碳排放交易市場之間的相依結構特徵，並採用在險價值（VaR）研究方法分析歐盟碳排放交易市場上資產投資組合的風險分散化問題。

④第四章，基於規則藤分解結構，構建歐盟碳排放權市場高維動態 Copula 相依模型，進一步探討歐盟碳排放權市場的相依結構特徵。

⑤第五章，選擇碳排放交易市場主要交易標的物 EUA 和 CER 現貨、期貨及其他衍生品作為主要研究對象，結合 ARMA-GARCH 模型與 Markov 機制轉換模型，構建 MRS-GARCH 模型，以研究碳排放交易市場狀態轉換的結構特徵。

⑥第六章，考慮碳排放交易市場可能存在跳躍特徵，引入 ARJI-GARCH（自迴歸跳躍 GARCH）模型，研究碳排放交易市場產品價格的時變跳躍行為。

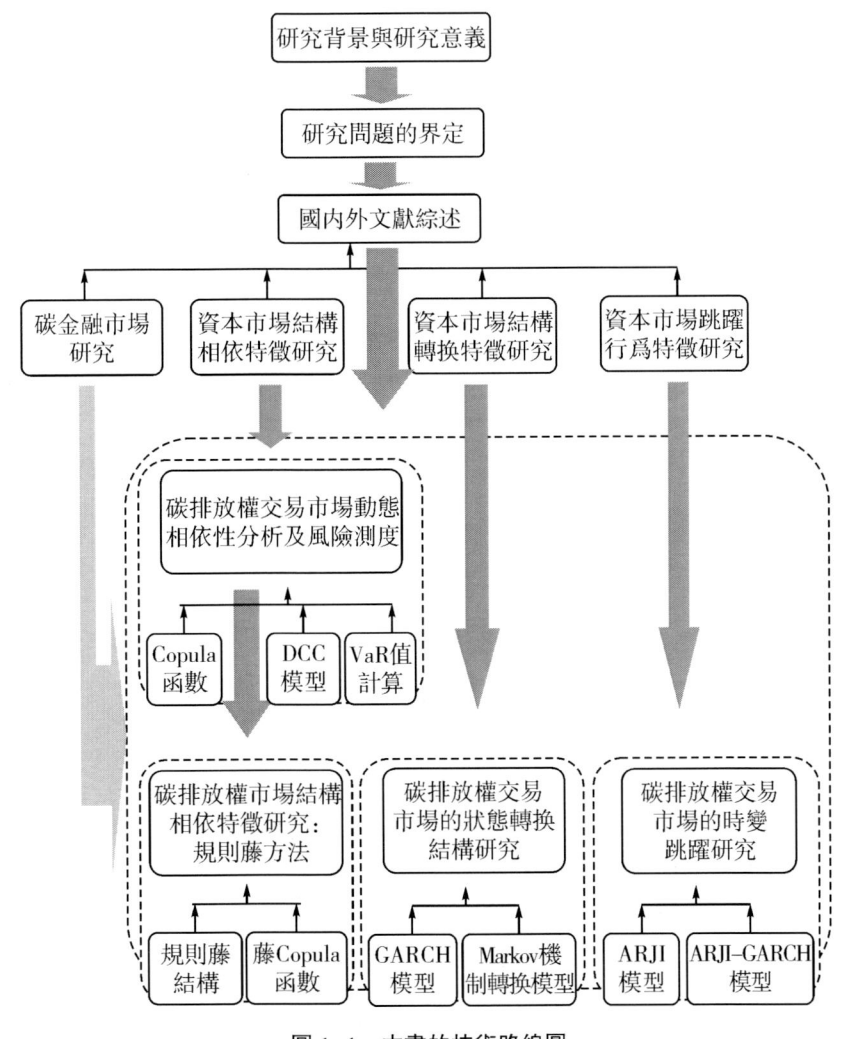

1.4.2　本書的技術路線圖

本書的技術路線圖如圖 1-1 所示。

圖 1-1　本書的技術路線圖

1.5　創新之處

碳排放交易市場，已經發展成為一個新興的資本市場，且表現出與其他資本市場類似的金融特性。因此，碳排放交易市場存在現貨市場、期貨市場、期權市場等，各個產品市場也都呈現出與其他資本產品市場類似的特徵，如產品市場的價格波動溢出效應與價格發現效應、套期保值功能、結構相依、價格跳躍行為等。儘管現有文獻對上述問題進行了一些探討，但採用動態 Copula 函數、規則藤 Copula 分析框架來研究碳排放交易市場不同產品市場之間的結構相依特徵卻比較鮮見；採用自迴歸跳躍強度模型來探討該市場產品價格的時變跳躍行為，國內外現有研究極少，且沒有分析離散隨機事件對市場的衝擊與市場波動的敏感性。此外，針對碳排放交易市場可能存在的結構轉換特徵研究，也難以找到比較全面的討論。

正是基於此，本書主要是借用相關的經濟計量模型，選取歐盟碳排放交易市場作為研究對象，通過構建並選擇合適的模型與方法來開展相關的研究工作。第一，基於 Copula 函數與藤分解結構分析市場的相依結構；第二，基於馬爾科夫機制轉換模型分析市場的波動聚集與結構轉換特徵；第三，基於自迴歸跳躍強度模型分析市場的時變跳躍行為。從這個層面上看，本書針對碳排放交易市場相關問題的研究而構建的經濟計量模型，具有一定的新穎性。

（1）考慮到資本市場之間的非線性相關關係，且針對碳排放交易市場之間的相依結構特徵的研究相對較少，本書結合 Copula 函數、DCC 模型與 ARMA-GARCH 模型，構建國際碳排放交易市場二維和多維相依性 Copula 模型，研究歐盟碳排放交易市場之間的相依結構特徵，這與莊德棟（2014）的研究有一定的差異，即後者採用 DCC-GARCH 模型研究了歐盟

碳排放交易市場的現貨市場與期貨市場之間的動態關係。對於基本理論模型的構建，主要體現在第三章的 3.2.2 節和 3.2.3 節，以及第四章的 4.2.1 節；而對於合適模型的選取與主要實證結果方面，主要體現在第三章的 3.3.2.2 節和 3.3.2.3 節。

一方面，第三章研究了歐盟排放配額和核證減排量兩種產品市場的現貨市場、不同到期日的期貨市場之間的動態相依性結構特徵。分別採用學生 t 分佈的 DCC 模型、學生 t 分佈的 TVC 模型、高斯分佈的 DCC、高斯分佈的 TVC 以及 SJC-Patton 模型五種動態 Copula 模型，來捕捉這些市場之間的動態相依特徵。研究表明，與其他四種動態 Copula 模型相比較，學生 t 分佈的 DCC Copula 模型在捕捉歐盟排放配額與核證減排量市場的相依性方面，表現最好。進而，估計學生 t 分佈的 DCC Copula 模型中的參數，發現這些市場之間呈現出較大的尾部相依特徵，且是對稱的。這一結論說明，各市場價格發生聯動的概率都很大，尤其是在極端事件發生的條件下，且不論是極端好的事件還是極端壞的事件。另外，研究還發現，歐盟排放配額各市場之間呈現出顯著的動態相依特徵，且歐盟排放配額和核證減排量期貨市場之間的動態尾部相依特徵也比較明顯。這一結果說明，市場之間的聯動程度呈現出一種動態變化的特徵，也就為本章選取動態 Copula 函數進行研究提供可行性依據。

另一方面，第三章還運用蒙特卡羅模擬方法來模擬市場的投資組合的在險價值。根據 3.3.2.4 節的結果，儘管歐盟排放配額和核證減排量市場之間的相依程度較大，但選擇合適的資產投資組合，仍然能夠降低一定的投資風險。這一結論，為市場投資者在規避投資風險方面提供了一定的策略參考。

（2）考慮到高維情形下資本市場之間複雜的相依性結構，本書結合藤 Copula 分析框架，進一步構建基於藤分解結構的規則藤 Copula 模型，並通過算法研究來估計模型的參數，然後將該模型應用於歐盟碳排放交易市場的實證研究，分析相依結構特徵。根據文獻搜索的結果，針對該市場的相

關應用研究極其少見。對於理論模型的構建，主要體現在 4.2.3 節和 4.3.3 節；對於模型的檢驗方法與結果，主要體現在 4.2.5 節和 4.3.5 節。

第四章，首先將 Kendall's tau 秩相關係數作為權重，採用最大生成樹算法的序貫 Copula 選擇方法構建合適的規則藤 Copula 模型，並運用基於序貫的極大似然方法估計規則藤 Copula 模型；然後分別選擇 White 信息矩陣等式擬合優度檢驗和基於概率積分轉換（PIT）與經驗 Copula 過程（ECP）混合方法的擬合優度檢驗，並基於 Bootstrap 方法，以 Cramer von Mises（CvM）檢驗統計量作為度量測度，來對模型進行擬合優度的檢驗。研究發現，構建的規則藤 Copula 模型能夠較好地捕捉歐盟碳排放權期貨市場之間的相依結構。

一方面，規則藤 Copula 模型能夠捕捉碳排放權市場之間的無條件相依關係，即捕捉兩個市場之間的關係，而不考慮這兩個市場分別與其他市場之間存在相依關係的情形；另一方面，規則藤 Copula 模型能夠捕捉碳排放權市場之間的條件相依關係，即考慮這兩個市場分別與其他市場之間存在相依關係的情形下，捕捉兩個市場之間的關係。同時考慮這兩個方面，更加符合碳排放權市場之間真實的關係。因此，採用規則藤 Copula 模型進行研究，能夠提高結論的可靠性。同時，這一項研究為進一步準確探討碳排放交易市場之間、碳排放交易市場與其他資本市場之間套期保值策略提供了一定的參考意義，也有利於提高碳排放權市場產品定價的準確度。

（3）碳排放交易市場可能存在上漲、盤整和下跌三種狀態，而針對這三種狀態之間發生相互轉換概率，鮮有學者對這一問題展開討論。基於此，本書選擇碳排放交易市場主要交易標的物歐盟排放配額和核證減排量的現貨與期貨產品市場作為主要研究對象，結合 ARMA-GARCH 模型與馬爾科夫機制轉換模型，構建 MRS-GARCH 模型，以研究碳排放交易市場狀態轉換的結構特徵。儘管魏一鳴等（2010）通過構建結構變化模型，研究了歐盟碳排放交易市場價格的結構變化。與其研究不同，本書引入馬爾科夫過程，構建 MRS-GARCH 模型以研究碳排放交易市場狀態轉換的結構特

徵。對於理論模型的構建，主要體現在 5.2.2 節；對於應用研究的發現，主要體現在 5.3.3 節和 5.3.4 節。

根據實證研究結果，歐盟碳排放交易市場確實存在上漲、盤整和下跌三種狀態，且不同狀態之間存在一定概率的相互轉換，儘管這種狀態轉換的概率相對比較小。研究還表明，當市場處於某一狀態時，該市場將會在較長一段時間內處於該狀態，即狀態的期望持續期較長，約為 5 天。這一研究發現能夠為市場投資者對市場價格走勢的預期提供一定的參考意義。同時，在不同的發展階段，碳排放交易市場不同狀態轉換發生轉換時呈現出差異化的特徵，即發生轉換的概率存在一定的差異。

（4）國外已有研究表明，碳排放交易市場的產品收益率也存在跳躍特徵（Gronwald 和 Ketterer，2012），但並未探討跳躍幅度對整個市場的波動率、歷史波動率的敏感性。鑒於此，且考慮到國內尚未探討碳排放交易市場上的這幾個問題，本書的第六章將引入 ARJI-GARCH（自迴歸跳躍GARCH）模型，從上述幾個方面展開討論。可以說，第六章的討論，是對國內外相關研究的有效補充。理論模型構建主要體現在 6.2.1 節，而研究發現主要在 6.3.2.2 節和 6.3.2.3 節。

第六章，首先構建常數跳躍強度模型來研究不同發展階段上歐盟排放配額收益率數據的跳躍行為，發現了該市場收益率發生異常波動的證據，且這種異常波動的狀態將會保持一段時間。然後，假設跳躍幅度具有條件動態性，引入動態跳躍強度的 ARJI-R_t GARCH 模型、ARJI-R_{t-1}^2 GARCH 模型、ARJI-h_t GARCH 模型，研究發現市場收益率的跳躍行為確實呈現出明顯的時變性。同時也發現，離散隨機事件衝擊而產生的跳躍與整個市場的波動率、GARCH 波動率之間都存在顯著的敏感性。

第六章的研究，為進一步準確構建帶跳躍的結構相依模型、基於狀態轉換的時變跳躍模型提供了事實依據，也為進一步研究碳排放交易市場的投資組合風險度量、套期保值策略、產品定價等方面提供了重要的參考。

2 相關研究綜述

本書主要研究的對象是歐盟碳排放交易市場，且採用經濟計量模型與方法，分析歐盟碳排放交易市場價格序列、收益率序列、波動率序列所呈現出的相關特徵，主要關注該市場的結構相依特徵、狀態轉換特徵與時變跳躍行為特徵。隨著碳排放交易市場的發展，其金融屬性日益顯現，並逐漸發展為碳金融市場。因此，碳排放交易市場屬於碳金融市場的範疇。鑒於此，本章首先針對包含碳排放交易市場的碳金融市場來簡要梳理國內外研究文獻，綜述國內外對碳排放交易市場理論基礎與制度等方面的研究，以及碳排放交易市場產品和衍生品的價格關係、分佈特徵、定價機制的研究；然後，基於本書主要的研究問題，即歐盟碳排放交易市場的結構特徵，本章分別從三個方面綜述國內外相關研究的理論與應用文獻，包括資本市場結構相依特徵、資本市場結構轉換特徵與跳躍行為特徵。

2.1 碳金融市場研究

碳金融市場是一個新興的資本市場，且由於碳排放產品交易量比較龐大，該市場也已經發展成為一個新興的金融貿易市場。但與其他資本市場相比，碳金融市場仍然不是很成熟，這主要體現為交易制度不完善、階段性交易目標不清晰、交易產品種類少以及市場風險不易控制等。由於碳金融市場源於碳排放交易市場，實務界和學術界從宏觀與微觀兩個層面對碳

排放交易市場做了大量的研究，包括市場的制度設計、市場特徵等，進而對碳金融衍生品進行研究，包括產品的開發、套期保值策略、定價機制等。

2.1.1 國外碳排放交易市場研究

2.1.1.1 碳排放交易市場基礎研究

1. 碳排放權市場理論基礎研究

早在1968年，就有學者提出可以採用市場機制來解決環境污染的外部性問題，如Dales（1968）。Dales（1968）通過研究認為，產權制度理論可以用來分析環境污染外部性的問題。隨後，Montgomery（1972）對環境污染的外部性問題進行了深入研究，並通過構建嚴格的理論模型來解釋如何採用市場機制來解決環境污染所帶來的負外部性成本的有效性問題。Montgomery（1972）的研究，提升了產權理論解決環境污染問題的現實意義。

市場往往存在交易成本，於是Stavins（1995）基於市場交易成本的前提，將排污權引入市場進行交易。由於溫室氣體的減排能夠產生很大的外部性效應，而這種外部性效應又呈現出跨國界的特徵，所以在解決碳排放問題方面產權理論就遇到了一個困境。這個困境就在於，如何在不同的國家之間對各自的碳減排量進行分配，以期使碳減排的利益與減排的成本到達一種平衡。針對這一困境，簽發碳排放權許可證就可能成為一種相對較好的調和機制。但是，這又同樣會出現一個難題，即怎樣設定簽發碳排放許可證的數量。此外，在能夠自由交易排污權的條件下，如何確認碳排放許可證的價格也將是另一個難題。Ben-Dor和Kruse（1996）指出，如果市場體制有效，碳排放許可證的價格應該與解決污染問題所產生的最小邊際成本是差不多的。然而，這一方面的研究仍然不足，即所構建的研究模型未考慮到以下情形：假如針對碳排放許可證制定一個較高的價格，這肯定會使得碳排放企業的成本上升，也將會驅動這些企業採取措施來減少碳

排放。於是，倘若有些碳排放企業所需要的實際碳排放額度低於所規定的碳排放額度，這些企業就會形成一種比較優勢，就可以將剩餘的碳排放額度通過市場交易的方式賣給那些碳排放額度不足的企業。實際上，在解決這一難題方面，博弈論的思想就發揮了巨大的作用。Egteren 和 Weber（1996）借用博弈論的思想來分析排污權交易問題，並認為，如果市場的交易成本比邊際罰金高，諸如道德風險等一些問題就會出現，市場失靈的現象就會產生。

從現有的文獻來看，基於產權制度理論來分析相關問題的研究相對比較多，而考慮市場不確定性來研究碳排放許可證的價格的文獻相對少一些。Schennach（2000）引入了一個隨機過程，並構建了一個連續時間序列模型，然後將這個模型應用於碳排放許可證交易價格的實證研究當中。實際上，這一項研究也沒有提出一個解決市場不確定性問題的有效途徑，只是提出了一個新的觀點，即在新息出現的情況下，需要重新探討碳排放許可證的價格同污染排放之間的關係。這一觀點，對於市場不確定性問題的研究起到了一個很重要的啟示作用。

2. 與碳排放權市場有關的爭議

（1）市場機制是否有效

作為溫室氣體之一，二氧化碳氣體是氣候變暖的主要驅動因素，二氧化碳排放過多引發了越來越嚴峻的環境問題。因此，如何控制二氧化碳氣體的排放，就成為一個亟待破解的難題。碳排放交易市場的減排機制是否有效，眾多學者意見並不統一。Crocker（1966）運用科斯的產權理論，分析了怎樣控制溫室氣體的排放問題，並指出溫室氣體的排放可以產生跨國界的、空間上的外部效應。於是，針對溫室氣體減排機制的研究，研究者就會面臨一個問題，即怎樣平衡溫室氣體在不同國家之間的排放量，從而使各個國家在參與溫室氣體減排機制方面能夠到達一個減排利益與控制成本相均衡的點。正是基於這一情形，學術界相關碳減排機制的爭論一直沒

有停歇,即碳排放權市場存在的減排機制是否能夠達到雙重目標,即既能夠減少二氧化碳氣體的排放,又能夠促進世界經濟的持久發展。學術界就這一相關問題的分歧,體現在以下兩個主要方面:第一,通過國際貿易途徑能否使得碳減排機制得以持續;第二,不同國家的碳排放減排量該如何確定。

關於貿易機制的討論,學術界對國際貿易機制是否能夠對環境產生有效的保護作用仍然各抒己見。一些觀點認為,從總體上看國際貿易並沒有起到保護環境的作用,不利於環境保護。Copeland 和 Taylor(1994)針對自由貿易同環境保護之間的關係採用南北貿易模型進行分析,發現處於不同發展層次與階段的國家,其環境標準存在顯著的差異,而這些差異僅對發達國家的環境保護是有利的,但對發展中國家與欠發達國家的環境保護則是不利的。Chichilnisky 和 Heal(1995)就這一相關問題也開展了一些研究,並認為,由於發達國家、發展中國家與欠發達國家之間都選擇了適合本國國情的貿易結構,且這三類國家的對外貿易在全球國際貿易體系中占據著不同的地位,國際貿易非常有利於發達國家減少其碳排放的量,並達到環境保護的目的,而發展中國家與欠發達國家則不得不通過犧牲環境的方式來促進自身經濟的發展,從這一層面上看,國際貿易給環境帶來了負的外部效應。另一些觀點認為,從總體上看,國際貿易能夠促進環境的保護。Grossman 和 Krueger(1991)通過構建國際貿易環境效應模型,探討了技術、結構與規模三方面影響因素對環境所產生的不同影響。Antweiler 等(2001)探究分析國際貿易同二氧化硫濃度之間所具有的關係,選取 40 多個國家的數據進行實證分析,發現負向的規模效應弱於正向的技術效應,並堅持認為國際貿易在總體上能夠促進環境的保護。Oberndorfer 和 Rennings(2007)則指出,儘管歐盟碳排放交易機制在一定程度上能夠提升歐盟國家的國家競爭力,但該機制也僅僅是為了減少歐盟國家對二氧化碳的排放,並非是為了促進歐盟國家的經濟增長而設計的。從上

述的研究結果可以看出，歐盟碳排放交易機制在二氧化碳減排方面產生了很大影響力。另外，一些學者也實證分析了有關歐盟碳排放交易機制方面的其他相關問題。

在限額機制方面，每個國家就自身所需要承擔的碳排放責任也表現出較大差異，但都同意可以有差異地承擔相應的責任。對於發達國家而言，他們認為生產過程是能夠直接產生碳排放的，所承擔的碳排放責任可以從生產過程的角度來分配。而對於發展中國家和欠發達國家而言，他們則認為企業生產的產品最後是作為商品到達消費者手中，所承擔的碳排放責任就可以從消費過程的角度來分配。Schelling（1992）持有的觀點是，在碳減排的成本與代價方面，發展中國家遠遠高於發達國家，那麼強制發展中國家承擔與發達國家同等的減排責任並不公平，只會進一步增加經濟轉型國家的減排成本。因此，Schelling（1992）指出發達國家應該承擔更多的碳排放責任，並需要履行更多的碳減排方面的義務；同時，針對發展中國家的碳減排，發達國家應該向這些國家提供必要的資金和技術等方面的支持，從而實現發展中國家經濟的低碳化轉型。Ferng（2003）也認為，承擔碳排放責任的主體應該是消費者，而並非生產者。實際上，儘管消費者並不是直接的碳排放主體，但卻是產生碳排放、催生污染的驅動源。

實際上，不論是從生產的角度還是消費的角度來區分碳排放責任，生產國和消費國之間都發生著「責任轉移」的情形，具體來說就是「碳排放轉移」。而且，歐盟早在2008年就提及「碳洩漏」（carbon leakage）這一問題，而這正好解釋了「碳排放轉移」的現象。Reinaud（2008）將碳洩漏定義為，一國（或地區）在採取減排措施過程中增加了其他國家（或地區）二氧化碳氣體排放量的一種現象。目前，學術界對「碳洩漏」這一現象的存在達成共識，但就如何在規模上進行量化的問題卻產生了一些爭議。為此，Zetterberg等（2012）通過研究認為，從產出的角度考慮，採用免費分配的方式來解決「碳洩漏」的問題具有有效性。

由於「碳泄漏」現象的存在，從消費的角度來考慮，碳隱含量廣泛存在於最終的消費產品中，這使得碳隱含量難以被忽視。近些年來，隨著中國經濟的快速發展，中國也已經成為碳排放強度很高的國家之一。然而，作為生產和消費的貿易大國，中國存在明顯的隱含碳排放。根據 Wang 和 Waton（2007）的研究，在 2004 年，中國國內碳排放總量的 23%是通過淨出口貿易引起的。Weber 等（2008）也研究了隱含碳排放的問題。

（2）碳排放交易與碳稅的效率

當今，主要有兩種市場政策來控制碳排放，即基於總量控制的排污權交易的產權理論和基於價格控制的碳稅的庇古稅理論。於是，西方經濟學界一直討論這兩種碳排放控制措施的效率問題，也就是說，哪一個控制措施更能夠促進碳排放的減少。

在市場化前提下，Coase（1960）提出採用產權理論來解決污染的外部性問題，並指出通過交易市場的作用，污染的負外部性可以實現內部化，於是治理氣候變化問題就容易得到有效的解決。在市場經濟中，碳排放的可交易性在很大程度上反應了資源的稀缺性以及治理污染問題的成本，這一信息發現功能能夠直接反應在市場上，並能夠在一定程度上影響市場投資者的決策和行為。從這個層面看，碳排放已經表現出了一定的商品屬性，碳排放交易市場逐漸形成。通過市場化手段交易排污權，得到了一部分學者的贊同，並主要從減排成本角度方面和減排激勵性角度方面進行了相關研究，如 Fullerton（2011）和 Montero（2011）。

與上述觀點不同的是，庇古（Pigou）提出徵稅方案，即通過稅收政策解決環境污染的負的外部性，這一手段也能夠使資源得到最優配置。根據「庇古稅」的觀點，政府相關部門根據排污方引起環境污染的程度徵收一定的稅額，並將這部分稅額用來抵消因排放而對環境產生負的外部效應的治理成本。這一徵稅方案，實際上是針對排污方徵收的一種環境稅，並能夠有效地使污染治理成本進行內部化處理，從而有效地解決環境污染問

題。針對相關參與方徵收的碳關稅，實際上也是一種環境稅。根據 Weitzman（1974）的研究結論，在實施碳減排機制的過程中，基於市場機制的碳稅方案也具有很大的不確定性。也就是說，如何對碳稅進行定價？如果完全取決於市場機制，也會造成一定的問題。Ellerman（2005）認為，徵收碳稅的過程中，應該根據排污方對環境造成的負外部性程度來確定徵稅額，但這也會給碳稅的徵收帶來一些阻力，這是由於碳排放量高的企業一般都具有一定的發言權。正是基於此，碳稅方案在實施過程中肯定會遇到很多困難（Moore，2011）。

根據上述相關研究文獻，從不同的視角來探討碳排放交易和碳稅政策的相關研究都具有一定的合理性。也正是如此，學術界在碳排放交易與碳稅的效率方面存在很大的爭論。部分學者支持碳稅政策，即碳稅方案比碳排放交易方式更好，在實際過程中能夠獲得更大的利益。Dinan 和 Rogers（2002）的研究結果顯示，採用碳排放交易方案會帶來社會的不公，且會擴大貧富差距。具體表現為，碳排放交易政策會造成低收入者財富的損失，但會為高收入者帶來更多的額外收益。另一部分學者認為：在相對較短的時間內，實施碳稅政策比碳排放交易要好，且能夠促進碳排放交易；然而，在較長的時期內，由於碳排放會帶來全球氣候變暖等許多問題，實施碳排放交易政策能夠有效地減少碳排放。從這個角度來看，在長期內，碳排放交易政策優於碳稅政策。Murray 等（2009）也指出，只要碳排放權也存在貨幣的一些屬性，碳排放交易就能夠促進碳排放企業的不斷成長。從碳排放交易市場所顯示的特徵來看，碳排放權已經具備了可流通性和可儲藏的特徵，這就再一次驗證了碳排放交易方式的合理性和優越性。

綜上所述，無論是碳排放交易還是碳稅政策，在效率方面都具有各自的優勢。對於碳稅政策而言，其主要優勢在於使用範圍廣、體現公平性，且碳稅的收入可以用來發展低碳化經濟，但在操作性方面具有一定的劣勢。而碳排放交易市場上的排污權交易措施，卻在理論上具有更好的可操

作性，當前的碳排放交易所的發展就是一個很好的佐證。

3. 碳排放交易制度研究

當前全球環境問題越發嚴峻，發展綠色經濟、低碳經濟是解決這一問題的最佳途徑。同時，世界各國碳排放交易市場也逐漸興起並開始走向成熟，那麼建立完善的碳排放交易制度就是維護市場良好運行的基石。

在碳排放交易制度設計上，市場的分配效率和運行效率是不能忽視的兩個重要方面。碳排放分配方式主要包括免費分配、拍賣分配、混合分配三種方式。學術界一致認為，拍賣分配方式要比免費分配方式更有效率。Cramton 和 Kerr（2002）的研究發現，相對於拍賣分配方式，免費分配方式存在一些不足。具體表現為：一方面，免費分配方式有失公平性，即由於碳排放給環境帶來的負的外部效應，社會公眾不但沒有得到利益補償，還需要為此失去相應的權利，然而碳排放企業卻不用承擔任何成本；另一方面，採用免費分配方式使企業缺乏競爭意識，不利於碳減排相關技術的研發，這將削弱企業的核心競爭力。Kruger 和 Pizer（2004），Betz 等（2010），Goeree 等（2010），Lopomo 等（2011），都認為拍賣方式更有效率。不過，Zetterberg 等（2012）認為，由於碳排放主體可能不願意接受拍賣分配方式，這種分配方式也可能在實際操作過程中難以執行。在初期，免費分配方式能夠極大地提高碳排放主體參與碳減排機制的積極性，因而在實踐中成為主要的分配方式。儘管如此，拍賣分配方式也在一些國家受到青睞，且歐盟、美國和澳大利亞等往往更多地採用混合分配的方式。從低碳經濟發展的趨勢看，實行碳排放拍賣分配方式是一個總的發展趨勢，且一些研究也證實了拍賣分配方式存在的合理性（Holt 等，2007）。同時，歐盟委員會也於 2008 年提出了一個重要的修訂提案，即採用拍賣分配的方式來交易碳排放權。據預測，到 2020 年，80%左右的碳排放交易將通過拍賣分配方式來進行。

歐盟碳排放交易體系，是目前世界上發展歷史最長、最為完善的碳排

放交易機制。針對歐盟碳排放交易系統，Monjon 和 Quirion（2010）就該體系範圍的調整進行了研究，以考慮擴大該體系的適用範圍。Carmona 等（2010）採用數理方法分析了碳排放交易市場的機制設計問題，並設計了新的工具，這為政策決策者與相關監管部門更好地維護碳排放交易市場運行提供了參考；同時，研究中也分析了徵收碳稅政策和實行補貼政策的弊端。而 Mnif 和 Davison（2011）的研究工作，在於嘗試構建了碳排放交易市場的研究模型，包括基於差分定價技術而構建的碳定價分析模型。

2.1.1.2　碳金融市場產品價格研究

歐盟排放配額（簡稱 EUA）是歐盟碳排放交易體系中碳排放交易市場一級市場的主要交易產品之一。Alberola 等（2008），Alberola 和 Chevalier（2009）選取歐盟碳排放體系第一階段的歐盟排放配額（EUA）作為研究對象，分析了影響 EUA 價格的一些因素。實際上，核證減排量（CER）是針對歐盟碳排放交易體系中碳排放交易市場二級市場的主要交易產品之一，其也是學術界研究的一個主要對象。

1. 碳金融產品價格與股票價格關係研究

作為全球資本市場之一，碳金融市場與其他資本市場之間的關係變得越來越複雜。Chevallier（2009）研究了碳期貨收益率與股票、債券市場收益率之間關係，發現這兩個市場在預測碳期貨收益率方面並不很理想。Alberola 等（2009）研究發現，歐盟碳排放交易體系下第一階段 EUA 受到相關工業產品以及二氧化碳排放等因素的影響，能源價格的預測誤差與極端的溫度事件都能夠顯著地影響 EUA 的價格變化。Oberndorfer（2009）基於經濟計量分析方法探究了歐盟排放配額交易市場與股票市場之間的關係，並發現兩個市場之間呈現出正向的相關關係。更多相似結果的研究文獻，可以參考 Fezzi 和 Bunn（2009），Koenig（2011）等。

根據現存文獻的研究結果，國際金融市場之間存在不同特徵的關係，如線性相關關係和非線性相依關係，但後者所表現的形式相對更為複雜一

些，而這些關係結構給投資者的投資組合和套期保值策略的制定以及風險管理方面提供了極其重要的參考價值。鑒於此，開展國際金融市場之間、與其他資本市場之間的線性或非線性關係的研究，就具有十分重要的意義，尤其是非線性相關關係的研究，而 Copula 函數則為刻畫這類相依性結構特徵提供了很大的便利。Gronwald 等（2010，2011）基於 Copula 函數，針對碳排放交易市場上歐盟排放配額的期貨市場、其他商品市場與金融市場之間的相依結構展開了實證研究，發現相對較弱的相依關係存在於歐盟排放配額的期貨市場與天然氣和原油等商品市場之間，以及與能源市場之間也呈現出一定程度上的相依關係，且這種相依關係會在危機期間表現出增強的態勢。

與上述研究不同，一些學者研究了碳排放交易市場上不同產品之間的價格關係。Bataller 等（2010）研究了歐盟排放配額（EUA）與核證減排量（CER）之間的價格關係，發現 EUA 與 CER 價格之間的價差受到很多因素的影響。另外，Nazifi（2013）也針對歐盟排放配額（EUA）與核證減排量（CER）價格之間的價差進行了實證研究，發現這兩個市場並不具有長期的時變相關性，且也沒有發現具有趨同現象的證據。

2. 碳金融產品價格分佈特徵研究

儘管碳金融市場擁有 10 來年的發展歷史，但該市場仍然是一個新興的市場，發展並不十分成熟，在運行過程中很可能存在很多問題。因而，針對碳金融市場體系的研究仍然是值得開展的一項工作。Chesney 和 Taschini（2012）針對碳排放交易市場上現貨價格的時間序列數據，構建了一個內生模型進行實證分析，為碳排放權市場的信息不對稱現象提供了證據，並認為這一特徵的存在可能會降低碳排放交易市場的效率。正是基於此，進一步研究碳金融市場上碳產品的價格分佈特徵，有利於進一步完善市場機制，制定最優的風險管理策略。

對於碳金融市場而言，其產品價格的時間序列是否也存在大多數的金

融時間序列所呈現的特徵，很多學者對於這一問題的探討獲得了很多的成果。針對碳排放交易市場可能呈現這些特徵的研究和刻畫，構建合適的經濟計量模型就成為研究的關鍵。Paolella 和 Taschini（2008）研究了歐盟排放交易機制（EU ETS）下二氧化碳排放許可證收益率的動態變化特徵，並發現，對於收益率呈現的無條件厚尾現象，可以採用帕累托分佈來進行刻畫；但也指出，碳排放產品的價格與其他產品價格不太一樣，其往往會受到更多複雜因素的影響，而運用比較簡單的經濟計量模型難以準確地捕捉、刻畫這些價格特徵，因而很多研究者提出採用 GARCH 族模型來描述碳排放收益率序列中的異方差特徵。更多基於 GARCH 模型對碳排放交易市場的研究，可參見 Miclăuş 等（2009），Seifert 等（2008），Benz 和 Trück（2009）。最近，Palao 和 Pardo（2012）的研究發現，隨著市場交易成本的增加，歐盟的碳期貨市場價格序列會呈現出更加顯著的波動聚集特徵。

在上述研究中，學者們都是選取金融資本市場上產品價格序列的日數據，並通過構建不同的經濟計量模型來研究市場的異常波動特徵，但難以就市場在交易日內所顯現的異常波動與跳躍特徵進行描述。為此，Bataller 和 Tornero（2009）基於被截的均值模型，研究碳排放交易市場價格受到管制與面臨時事要聞的情況下所呈現的波動特徵，並發現時事要聞僅僅對新聞公布當日以及前幾天的價格產生一定的衝擊，而對產品收益率的波動性卻不會產生明顯的影響。這項研究的優點，就在於用構建的被截的均值模型進行實證分析時不需要刻意考慮時間序列數據的跳躍特徵。不過，絕大多數金融時間序列都會存在不同幅度的跳躍特徵。因此，針對金融時間序列數據進行建模時，引入跳躍過程來研究相關問題就具有很強的現實意義。引入跳躍過程，不僅能夠分析市場可能呈現的跳躍特徵，從而研究市場外部信息是否對資本市場產生衝擊，也能夠分析不同的市場外部信息對資本市場產生衝擊效應的差異。通過引入跳躍-擴散模型，Daskalakis 等（2009）對具有隨機遊走特徵的碳排放交易市場現貨產品的價格序列數據

進行了實證分析，認為該市場的現貨產品價格序列呈現出顯著的非連續突變現象，但這一現象不十分穩定，同時碳排放現貨產品的收益率序列也呈現尖峰厚尾的特徵，並不服從高斯分佈。更多跳躍特徵的相關研究，如 Frunza 和 Guegan（2010），Borovkov 等（2011），Gronwald 和 Ketterer（2012），Chen 等（2014），Chevallier 和 Sévi（2014）。此外，選擇高頻數據或者超高頻數據來研究，可以在很大程度上解決日數據無法反應大量的日間信息所帶來的不足。Rotfuβ（2009）選取歐盟排放配額價格的高頻數據，實證分析了歐盟排放配額的價格形成效應與波動特徵，發現了該市場上呈現的價格形成現象，且這種價格形成效應在歐盟排放配額的現貨市場上的表現要強於歐盟排放配額的期貨市場。

根據現有的研究結果，複雜的、非線性的相關關係廣泛存在於不同的資本市場之間。同時，在實施重大政策、發生突發事件等情況下，資本市場產品價格時間序列往往會發生異常性的跳躍現象。一些實證研究結果顯示，碳排放交易市場也存在跳躍現象，如 Gronwald 和 Ketterer（2012）。可見，在實際研究中引入跳躍過程並構建合適的跳躍模型，研究碳金融市場可能存在的跳躍行為，具有很重要的現實意義。一方面，構建合理的跳躍模型可以提高刻畫碳金融市場產品價格的跳躍特徵的能力；另一方面，在較為精確刻畫跳躍行為的基礎上，可以探討不同的外部信息因素給碳金融市場所造成的不同程度的衝擊效應。

3. 碳金融衍生品價格研究

（1）現貨與期貨價格關係研究

世界經濟的一體化發展，使得全球不同的資本市場之間的聯繫越來越緊密。作為新興的資本市場之一，碳金融交易市場與其他資本市場之間的關係也變得日益複雜，且越來越多的不確定性因素給該市場帶來一定程度上的衝擊和市場風險。面對這些不確定性的情況，開展碳金融衍生品市場的研究是十分必要的。研究碳金融衍生品市場不同產品價格之間的關係，

既能夠認識市場衍生產品的價格發現功能，又可以為衍生品的定價提供一定的理論支持。其中，現貨市場價格與期貨市場價格之間關係的研究，如Lin 和 Lin（2007），Theissen（2009），Uhrig–Homburg 和 Wagner 等（2009）。與上述研究採用低頻數據不同，Benz 和 Klar（2008），Bredin 等（2011），Rittler（2012）等研究了碳金融交易市場的高頻數據或超高頻數據特徵，獲得了更為精確的研究結果。

對於上述研究，所構建的經濟計量模型和方法只是刻畫了碳金融衍生品市場現貨市場價格和期貨市場價格之間的線性相關關係，無法刻畫這些產品價格之間的非線性相依結構特徵。於是，借助於 Copula 族函數來研究碳金融衍生品市場之間的非線性相關關係，具有可行性。在實際研究過程中，如果隨機變量的數量較少，利用一般的多元 Copula 函數可以較為準確地描述變量之間的相依性結構。然而，由於研究高維隨機變量之間的相依比較複雜，這就需要採用基於藤分解結構的規則藤 Copula 方法來建模。在建模過程中，由於規則藤 Copula 方法放寬了一些假設，如不再假定金融時間序列的自由度相同，不再假定採用某一種 Copula 函數來描述相關性等，這一方法提高了變量之間非線性相依結構的刻畫精度，因而成為一個新的研究方向。

（2）碳金融衍生品定價研究

隨著碳排放交易市場的發展，該市場的金融屬性日益顯現，催生了碳金融市場的發展，且更多的碳金融衍生產品推陳出新，如期貨、期權等。在全球碳排放交易體系中，與碳有關的衍生產品也發揮著越來越重要的影響力，於是一些學者對碳金融衍生品進行了定價研究，如 Hinz 和 Novikov（2010）。

針對碳排放權期貨，Lin 和 Lin（2007），Carmona 等（2009）選取碳排放配額期貨數據，研究了碳排放權期貨的定價機制。針對碳排放期權，Daskalakis 等（2009）通過對歐盟碳排放交易市場中的三個主要的產品市

場進行實證分析，發現碳排放交易市場的期貨價格受到碳排放費標準的影響，於是就碳排放交易市場中的同期期貨和跨期期貨分別與期權建立了碳排放產品的定價與套利的實證分析模型。更多有關碳排放衍生品的定價研究，可參見 Chevallier 等（2009），Frunza 和 Guegan（2010），Carmona 和 Hinz（2011），Chesney 和 Taschini（2012）。另外，碳金融衍生品市場也存在價格風險，這影響投資決策和市場風險管理戰略的制定。於是，在風險中性條件下，需要構建恰當的碳價格風險模型，這類研究如 Cetin 和 Verschuere（2009），Zhu 等（2009），Uhrig–Homburg 和 Wagner（2009），Isenegger 和 Wyss（2010），Dannenberg 和 Ehrenfeld（2011），Carmona 和 Hinz（20011）等。

準確定價資本產品，一直是很多學者研究資本市場的一個核心。碳金融衍生品市場的定價策略，指導著碳金融資本市場的發展與運行。因此，進一步對碳金融衍生品價格的定價機制進行研究，是一個重要的研究方向。從現有的研究文獻來看，相關的研究基本上都沒有考慮到碳價格序列的跳躍特徵，這就影響了碳金融衍生品價格的定價精度。因此，基於 Levy 過程的碳排放交易市場衍生品的期權定價研究，也是未來的研究方向之一。

2.1.2 國內碳金融市場研究

針對碳排放交易市場的相關研究，涉及多個學科的研究領域。面對全球氣候變暖這一嚴峻的環境問題，主流科學界對碳排放與碳減排的研究產生了濃厚的興趣。近幾年來，國內一些學者對碳排放交易市場開展了許多有意義的研究，研究領域涉及金融經濟、能源、產業、貿易等。對於金融經濟領域的相關研究，主要是從以下幾個方面展開：

2.1.2.1 碳減排研究角度

二氧化碳氣體的排放是溫室氣體的主要來源之一。發展低碳經濟，核

心工作就是減少化石燃料的使用，從而減少二氧化碳氣體的排放，進而緩解因溫室氣體帶來的全球氣候問題。因此，針對碳減排的研究方興未艾。例如，李海濤等（2006）探討了國際減排活動中利益相關者之間的利益博弈，同時也為中國參加這一新的博弈提出了一些策略建議。

針對碳排放與碳減排的問題，經濟學界從眾多不同的角度進行了研究，除了研究碳排放與國民經濟增長之間的關係、減排成本的分攤、減排參與方之間的利益均衡等方面之外，還包括驅動碳排放增長的因素、能源效率與碳排放、碳減排機制的設計等。更多有關碳排放和碳減排的經濟學文獻，可參見週五七和聶鳴（2012）。近期，徐麗群（2013）構建了碳減排責任劃分和成本分攤的低碳供應鏈的分析框架。楊曉麗和梁進（2014）利用隨機控制理論，探討了一國碳排放量最優控制的問題。欒昊和楊軍（2014）在全球貿易分析-能源模型的分析框架下，採用遞歸動態的研究方法，分析了美國關稅對中國碳減排和經濟的影響。令狐大智和葉飛（2015）在博弈論框架下，建立了基於分配策略的古諾模型，以研究減排目標和分配策略對碳排放的影響。

2.1.2.2 價格發現效應與套期保值研究

隨著資本市場的發展，價格發現功能特徵經常在現貨市場和期貨市場中顯現。研究這一功能，不僅有利於資本產品的定價，也有利於市場投資者制定風險管理和投資策略。研究價格發現效應，大多數學者均採用向量自迴歸模型（VAR模型）及其拓展形式。黃明皓等（2010）運用經濟計量模型對核證減排量期貨市場的價格發現功能進行了實證研究，並分析了該市場的套期保值功能，發現核證減排量期貨市場在短期內已經具有了較好的價格發現功能，而且在長期內核證減排量與歐盟排放配額市場之間具有較為穩定的動態關係。洪涓和陳靜（2010）通過選擇合適的向量自迴歸模型來研究歐盟排放配額和核證減排量市場，也得到了類似的研究結論。張躍軍和魏一鳴（2010）也借助於經濟計量模型，來探討碳排放交易產品

的價格是否與化石能源產品的價格之間存在某種內在的聯繫，並發現了協整關係的存在，但在長期內會呈現一種動態變化的特徵；然後，根據脈衝回應函數的分析，發現碳排放權價格受到最明顯的衝擊來自石油價格。

此外，張躍軍和魏一鳴（2011）選取 EU ETS 碳排放交易市場期貨市場作為研究對象，通過對市場價格序列的日交易數據進行實證分析，發現均值迴歸的現象存在於該市場的價格、市場的波動與市場風險等多個方面。吳恒煜等（2011）將核證減排量作為研究對象，通過信息準則選擇合適的 GARCH 模型來分析該產品的期貨和現貨價格特徵，並得到了 t-GARCH（1, 1）模型具有較好的刻畫能力的結論。劉維泉（2013）以 EU ETS 為例，採用隨機擴散模型研究了國際碳排放期權的套期保值問題。

2.1.2.3 碳排放的溢出效應與價格影響因素

絕大多數的資本市場都存在溢出效應，貿易溢出效應在國內學術界討論較多。儘管碳排放權市場發展的歷史不長，但其日趨成熟，市場的貿易溢出效應也會日益明顯。丁唯佳等（2012）研究了中國製造業的碳排放量如何受到人口、財富與技術等因素的衝擊。陳曉紅和王陟昀（2012）以歐盟排放交易市場為例，從理論與應用兩個層面探討了碳排放交易價格的一些影響因素，包括市場供需與市場影響等方面。

鄒亞生和魏薇（2013）研究了碳排放核證減排量 CER 現貨價格的影響因素。在 VEC 模型下，他們發現 CER 現貨價格會受到工業生產指數和氣候指標顯著的正向影響。進一步地，他們運用脈衝回應函數研究了變量之間的動態關係。他們認為，中國參與國外碳排放權市場、建設國內碳排放權市場時，需要重點關注中國宏觀經濟環境和氣候問題，同時需要靈活地參與碳排放權期貨市場。

2.1.2.4 碳排放權市場研究

基於綠色經濟與低碳經濟的發展背景，許廣永（2010）探討了中國在對碳排放交易產品進行定價時所面臨的難題，認為主要有以下四個方面的

影響因素：碳排放權的交易市場不健全，碳排放權的測量系統不準確，碳排放權的稅率制度不完善，碳排放權的分配方式不合理。林坦和寧俊飛（2011）採用零和的數據包絡分析方法，探討了歐盟國家在分配各自擁有的碳排放權方面的效率，並指出歐盟國家的分配效率實際上是比較低的。鄒亞生和孫佳（2011）探討了構建適合中國國情的碳排放交易市場機制，並提出了一些政策建議。

汪文雋等（2011）選擇了歐洲氣候交易所的 EUA 期貨合約資產，運用 Copula 函數研究了國內 QDII 基金與排放權資產的聯合分佈，並基於此得到這兩種資產一種組合的收益率的分佈，最後研究在不同顯著水準下如何構造合適的資產組合，以期最大限度地規避市場風險。劉維泉和張杰平（2012）運用經濟計量模型研究了歐盟排放配額期貨價格的特徵，發現價格序列一種長期的趨勢，且這種趨勢是可以預測的。

莊德棟（2014）選取 2005 年到 2011 年歐洲氣候交易所歐盟排放配額現貨市場和期貨市場的日收盤價數據，採用 GARCH 模型、DCC 模型、EVT-copula 模型和 CoVaR 度量指標，研究了歐盟排放配額現貨市場和期貨市場之間的相依性結構與風險溢出效應，並基於研究結論，深入探討了中國碳排放交易市場建立的相關問題。

張晨等（2015）考慮到中國商業銀行在參與碳金融業務時所面臨的國際碳價格的波動、碳交易結算時貨幣匯率波動的風險等，選擇 2009—2012 年 ICE 市場的核證減排量（CER）的期貨價格與歐元兌人民幣的匯率價格時間序列數據，在採用 ARMA-GARCH 模型來刻畫碳價格風險與匯率風險的特性的基礎上，運用 Copula 函數來研究各個風險因子之間的相依性，並利用蒙特卡羅模擬方法來計算碳市場的在險價值。這一研究，為商業銀行控制碳市場風險提供了一定的理論參考依據。

實際上，碳金融市場之間、碳金融市場與其他資本市場之間存在複雜的相依性。準確度量相依性，對碳金融市場的投資組合、套期保值以及定

價研究都具有重要的影響。美國次貸危機、主權債務危機、主權信用違約危機發生後，要求提高相依性度量的精度。另外，受到外界隨機離散事件的衝擊，碳金融市場也可能存在跳躍現象。如果忽略跳躍特徵，研究結果的精確性肯定會受到一定的影響。實際上，引入不同的Levy過程也可以捕捉到這些不同類型的跳躍。從現有研究來看，引入不同的Levy過程來研究碳金融市場帶跳躍的相依結構的文獻還少見。同時，在定價研究方面，基於Levy過程的定價研究的文獻也不多見，如史永東和武軍偉（2009）。鑒於此，在構建高維藤Copula模型的基礎上，通過引入跳躍過程，進一步構建Levy-copula分析框架，研究碳金融市場帶跳躍的相依結構，探討市場的套期保值策略，然後研究基於Levy過程的碳金融產品的定價機制，具有較大的可行性。

2.1.3 研究述評

日益嚴峻的全球氣候問題，催生了碳金融市場及其產品，而該市場發展的一個理論基礎就是產權理論，這也是利用碳排放許可證來緩解環境污染問題的重要手段之一。隨著減排技術的發展，世界各國減排水準得到了不同程度的提升。然而，受到排放權分配機制的制約，發達國家與非發達國家的分配配額與實際有效需求出現了嚴重的不平衡。針對這樣的問題，將碳排放權引入公開市場交易中或許會成為一種解決之道。然而在市場交易過程中，市場風險是不容忽視的。研究碳金融市場的特徵，有利於更好地對碳金融市場進行風險管理，這些特徵包括價格發現特徵、市場溢出效應、結構相依特徵、結構轉換與跳躍特徵等。為了比較準確地研究這些特徵，國內外學者構建了很多不同的計量經濟模型。隨著市場的發展，市場的動態與時變特徵更不能忽略。因此，研究碳金融市場的時變性和動態性特徵仍然是一個重要的研究方向。

2.2　資本市場結構相依特徵研究

2.2.1　國外相依特徵研究

　　經濟金融一體化，使資本市場之間的相互關係變得更加緊密且複雜，已呈現出非線性、非對稱性和動態性的特徵，這就使傳統線性相關關係的度量方法失去效用。然而，準確捕捉資本市場之間的這些特徵，對於資產的投資組合、金融風險管理、資產定價等方面都具有很重要的作用。為了準確衡量隨機變量之間的非線性特徵，即相依性，Sklar（1959）提出Copula定理。隨後，該理論分析框架在經濟、金融及其他領域得到廣泛的應用。20世紀90年代末期，Copula理論被引入金融風險管理的應用研究中（Embrechts，1999；Embrechts等，1999）。但是，最初的Copula函數都是一些靜態的函數，只能描述隨機變量之間存在的靜態相依關係。隨著全球化的深入，資本市場之間的關係變得更加紛繁複雜。傳統的Copula函數並不能滿足需要。因此，很多學者將傳統的Copula函數進行拓展，構建了許多不同類型的Copula函數，如條件Copula函數、動態Copula函數等。

　　Copula函數的構建，使得較為準確地度量不同隨機變量之間複雜的非線性關係得以實現。然而，在估計Copula函數的參數方面卻存在一些困難，尤其是在維度不斷增加的情形下。隨著維度的增加，需要估計大量的參數，直接估計這些參數在非線性優化技術等方面都存在很多值得商榷的地方。為了提高優化效率、減輕計算機負擔，主要採取兩種途徑：第一種，採用分步估計方法來估計Copula模型中的參數，常用的方法是兩步估計方法。首先，估計邊緣分佈的參數；然後，估計Copula函數中的參數。與一步估計方法相比，兩步估計法存在估計效率的損失，但研究表明這種損失並不大（Joe，2005；Patton，2006b）。第二種，通過降維的方法減少

待估計參數的個數，如構建藤分解結構的 Copula 函數和因子 Copula 函數等。在低維與高維情形下，鑒於 Copula 函數在模型構建、非線性優化方法、參數估計等關鍵技術上的攻克，這類模型在金融經濟學等領域得到廣泛應用。國外相關研究從幾種常見的 Copula 函數、主要的相依性測度、模型構建及相關檢驗等方面進行綜述，並梳理了國外 Copula 理論在金融學上的應用研究文獻，包括資產的風險管理、投資組合策略、衍生品定價研究等內容。

2.2.1.1 相依性結構的理論研究

1. 二元變量的 Copula 函數

Copula 函數，能夠連接隨機變量的聯合分佈函數與邊緣分佈函數，故又稱為「連接函數」。在 Copula 分佈函數中，各隨機變量的邊緣分佈函數都服從 [0, 1] 均勻分佈。根據 Sklar（1959）定理，如果 H 是一個具有邊緣分佈 F 和 G 的二元分佈函數，則存在一個 Copula 函數 C，滿足 $H(x, y) = C((x), G(y))$，$\forall (x, y) \in R^2$。如果 F 和 G 連續，則 Copula 函數 C 唯一確定，或者說，Copula 由 F 和 G 唯一確定。對任意邊緣分佈 F 和 G 以及 Copula 函數 C 而言，函數 $C((x), G(y))$ 是具有邊緣分佈 F 和 G 的二元分佈函數。這一定理，為通過一元分佈生成多元分佈的 Copula 函數的廣泛應用提供了理論基礎。事實上，Copula 函數 C、邊緣分佈函數 F 和 G 並不唯一，其多元分佈的設定具有很大的靈活性。更多有關 Copula 函數的介紹，可參見 Genest 和 Rivest（1993）。

考慮隨機變量 X 和 Y，F 和 G 分別為隨機變量的邊緣累積分佈函數，H 為聯合累積分佈。假設這些分佈對應的概率密度函數都存在，分別記為 f, g 和 h。於是，Copula 理論就能夠將聯合概率密度函數分解成邊緣密度函數和 Copula 密度函數 c（Nelsen, 2006），即 $h(x, y) = c((x), G(y)) f(x) g(y)$。如果變量之間並非相互獨立，Copula 密度函數就被認為是通過邊緣密度函數來構建聯合密度函數的一種重加權（reweighting）。實際上，Sklar 定理不

僅可以應用於離散隨機變量，也可以應用於連續隨機變量，同時 Copula 能夠將邊緣累積分佈函數映射到聯合累積分佈函數。更一般的形式，可以表述為 $H(x, y) = C((x), G(y))$。

2. 多元變量的 Copula 函數

給定所有的一元時間序列模型，採用 Copula 函數就可以構建多元時間序列模型，甚至是高維序列模型。在基於 Copula 函數的多維模型構建方面，由於可以將邊緣分佈與通過 Copula 函數連接的聯合分佈進行分離，這就使得設定邊緣分佈具有很大的靈活性，從而更好地捕捉到不同條件下的相依結構。Sklar 定理在多元變量建模中的有效性，源於邊緣分佈和 Copula 函數不需要屬於同一族分佈函數，它們可以是對稱的或有偏的、連續的或離散的、厚尾的或薄尾的。在實際應用中，這種特點給模型參數的估計帶來了很大的便利，並減少了計算負擔，同時也解決了高維情形下參數估計的困難。

在風險管理和經濟、金融時間序列之間的非線性相依性建模方面，基於 Copula 方法的多元時間序列建模得到了非常廣泛的應用。在這些應用中，常用的參數 Copula 包括 Gaussian copula 或 Normal copula，Student's t-copula 等橢圓族函數，Frank copula，Gumbel copula 和 Clayton copula 等阿基米德族 Copula 函數。更多介紹，可參見 Joe（1997）和 Nelsen（1999）。在很多情況下，正態 Copula 能夠較好地用來描述隨機變量之間的相依關係。而 Student's t-copula 是在正態 Copula 的基礎上考慮聯合厚尾而進行擴展的，其可以用來描述聯合極端事件發生同時增加的概率。但是，上述兩種 Copula 函數僅僅考慮分佈的聯合上尾與下尾是相等的，並沒有考慮資產收益率之間的非對稱相依關係。非對稱相依關係可以通過特定的阿基米德 Copula 來構建，如 Gumbel copula，Clayton copula（Nelsen，2006），skewed t-copula（Demarta 和 McNeil，2005；Christoffersen 等，2012），因子 Copula 模型（Oh 和 Patton，2012）。

3. 條件 Copula 函數及其他函數

Sklar（1959）提出的 Copula 函數屬於無條件 Copula 函數。隨著 Copula 理論的發展，很多學者將無條件函數擴展到有條件的情形，即將隨機變量的無條件分佈推廣到條件分佈（Patton，2006a；Mesfioui 和 Quessy，2008）。擴展後的條件 Copula 函數，在預測和時間序列應用研究領域都發揮著重要的作用。根據 Sklar 定理及其條件擴展式，Copula 方法在構建這類模型上具有便利性。特別地，這類模型適用於動態條件的情形，如時變條件波動率的建模（ARCH 模型、GARCH 族模型或隨機波動率模型等）、時變條件相依測度的度量等。記 $\{(X_t, Y_t)\}_t$ 為一個隨機過程，ψ_t 表示在時間 t 上的信息集，$(X_t, Y_t) \mid \psi_t$ 的條件分佈為 H_t，其邊緣分佈為 F_t 和 G_t，有 $H_t(x, y \mid \psi_{t-1}) = C_t(F_t(x \mid \psi_{t-1}), G_t(y \mid \psi_{t-1}) \mid \psi_{t-1})$。將 Sklar 定理應用於條件分佈的建模時，複雜性在於：邊緣分佈函數和 Copula 函數所應用的信息集必須是相同的。如果兩者來源於不同的信息集，函數 H_t 將無法表示為多元條件分佈函數。對於這類情形的分析，可參見 Fermanian 和 Wegkamp（2012）。

隨著 Copula 理論與應用的不斷發展，Copula 函數族也得到擴充，如 Quasi-copula [①]（Alsina 等，1993；Nelsen 等，1996），極值 Copula（Segers，2005；Gudendorf 和 Segers，2009；Chuangchid 等，2012），混合 Copula（Li，2000；Hu，2006；Patton，2006a；Lai 等，2009），時變 Copula（Patton，2002，2004，2006a；Jondeau 和 Rockinger，2006；Christoffersen 等，2011；Creal 等，2013），隨機 Copula（Hafner 和 Manner，2012；Manner 和 Segers，2011），局部不變 Copula（Giacomini 等，2009；Guegan 和 Zhang，2009；Dias 和 Embrechts，2010；Harvey，2010；Remillard，2010；Busetti 和 Harvey，2011），Markov switching copula（Pelletier，2006；Chollete 等，

---

① Alsina 等（1993）最早提出 Quasi-copula 的概念，旨在說明某些特定的單變量分佈函數並不能夠通過在相同概率空間上的隨機變量進行相應的運算而獲得。有關 Quasi-copula 的性質，可以參見 Genest 等（1999）。

2009)、因子 Copula（Oh 和 Patton，2012）、Bernstein copula[①]（Li 等，1997；Sancetta 和 Satchell，2004；Diers 等，2012）、Bertino copula（Fredricks 和 Nelsen，2002；Nelson 等，2003）、Sibuya Copula（Hofert 和 Vrins，2013）、藤 Copula（Czado 和 Aas，2013）、Levy copula（Kallsen 和 Tankov，2006；Mai 和 Scherer，2009；Hering 等，2010；Grothe，2013）、Levy-copula 的藤結構（Grothe 和 Nicklas，2013），以及正態調和穩態（Normal tempered stable）Copula 模型（Kim 和 Volkmann，2013）、M-藤結構（Beare 和 Seo，2014）等。

2.2.1.2 相依性測度

有時，Copula 又被稱為「相依函數」（Joe，1997；Nelsen，2006），這是由於 Copula 函數能夠完全刻畫兩個隨機變量之間的相依結構，也就是說，任何相依性測度都可以單獨用一個 Copula 函數來表述。這些相依性測度，主要包括 Kendall's τ，Spearman 秩相關係數 ρ 和尾部相依係數。然而，Pearson 線性相關係數不能單獨由 Copula 函數來表述，其同樣依賴於邊緣分佈函數。

對於隨機變量 X 和 Y，假設存在有限均值 μ_X 和 μ_Y、有限方差 σ_X^2 和 σ_Y^2，且兩者之間的相關係數為 ρ。根據 Hoeffding(1940)，Mari 和 Kotz（2001），X 和 Y 的協方差可以表述為 $Cov(X, Y) = \iint [H(x, y) - (x)G(y)] \mathrm{d}x\mathrm{d}y$。若邊緣分佈確定，根據 Frechet-Hoeffding 不等式，隨機變量 X 和 Y 之間的相關係數就滿足邊界條件，即 $\rho_L \leq \rho \leq \rho_U$。有關 ρ_L 和 ρ_U 的闡述，可參見 Embrechts 等（2002）和 McNeil 等（2005）。有關 ρ_L 和 ρ_U 表達式的應用，可參見 Heckman 等（1997）和 Fan 等（2013）等。

目前，比較詳盡地介紹 Copula 理論及其相依性建模，可參見 Joe（1997）和 Nelsen（2006）。另外，Cherubini 等（2004）採用數理金融中

[①] Li 等（1997）提出了 Bernstein polynomial copula 的構建。

的方法介紹了 Copula 函數。McNeil 等（2005）介紹了在風險管理應用中的 Copula 方法。Mikosch（2006）闡述了 Copula 函數在多元模型構建方面的作用。Genest 和 Favre（2007）描述了獨立同分佈序列在實證研究中的半參數推斷方法。更多相關闡述，可參見 Fan（2010），Fan 等（2013），Patton（2013）。

2.2.1.3 Copula 的估計與推斷

基於 Copula 的二元模型，可參見 Darsow 等（1992）、Chen 和 Fan（2006b）、Ibragimov（2009）、Chen 等（2009）、Beare（2010）等。而基於 Copula 的多元模型，大多應用於金融時間序列。其中，獨立同分佈序列模型是這類模型的特例。在該部分，主要介紹此類模型參數估計的關鍵步驟，即討論三個主要問題，包括模型的設定、參數估計與推斷、擬合優度檢驗和模型選擇，更多詳細闡述可參見 Patton（2013）。

1. 模型設定

在對多元時間序列構建 Copula 模型的應用中，首先需要得到邊緣分佈函數。假設時間序列的條件均值和條件方差分別為 $E[X_t|\psi_{t-1}] \equiv \mu_x(Z_{t-1}, \alpha_{x0})$ 和 $V[X_t|\psi_{t-1}] \equiv \sigma_x^2(Z_{t-1}, \alpha_{x0})$。其中，$Z_{t-1} \in \psi_{t-1}$，$\mu_x(\cdot, \cdot)$ 和 $\sigma_x^2(\cdot, \cdot)$ 均為顯性形式；α_{x0} 為有限維未知參數向量。類似地，對於 Y_t 同樣存在 $\mu_y(\cdot, \cdot)$、$\sigma_y^2(\cdot, \cdot)$ 和 α_{y0}。邊緣分佈的建模，可以採用很多方法，如 ARMA 模型、向量自迴歸模型、線性或非線性迴歸模型及其他模型。條件方差建模方面，有 ARCH 模型及其擴展形式，如 GARCH、EGARCH、GJR-GARCH 模型等，隨機波動率模型以及其他模型。給定條件均值和條件方差模型，標準殘差可以表述為 $\varepsilon_{x,t} \equiv \dfrac{X_t - \mu_x(Z_{t-1}, \alpha_{x0})}{\sigma_x(Z_{t-1}, \alpha_{x0})}$ 和 $\varepsilon_{y,t} \equiv \dfrac{Y_t - \mu_y(Z_{t-1}, \alpha_{y0})}{\sigma_y(Z_{t-1}, \alpha_{y0})}$。其中，$\varepsilon_{x,t}$ 和 $\varepsilon_{y,t}$ 的條件分佈均可以進行參數化或者非參數化處理。在參數化情形下，條件分佈作為 ψ_{t-1} 可度量變量的函數，既可能是隨時間變化的，如時變 skewed-t 分佈

(Hansen，1994），也可能是時不變的。在非參數化情形下，大部分研究均假設條件分佈是時不變的，且採用經典分佈函數進行估計（Chen 和 Fan，2006a）。

如果採用條件 Copula 函數①，也可以構建二元時間序列模型。（條件）Copula 函數是標準化殘差經過概率積分變換後的（條件）分佈函數，即 $U_{x,t} = F_t(\varepsilon_{x,t})$ 和 $U_{y,t} = G_t(\varepsilon_{y,t})$。其中，$F_t$ 和 G_t 分別記為 $\varepsilon_{x,t}$ 和 $\varepsilon_{y,t}$ 的累積分佈函數。在大多數研究中，均採用參數 Copula 模型，如椭圆族 Copula 模型、阿基米德族 Copula 模型，詳情可參見 Joe（1997）和 Nelsen（2006）。對於 Copula 的非參數估計，可參見 Genest 和 Rivest（1993）和 Caperaa 等（1997）對獨立同分佈序列的研究，Fermanian 和 Scaillet（2003）、Fermanian 等（2004）、Sancetta 和 Satchell（2004），Ibragimov（2009）等對時間序列的研究。

2. 估計與推斷

對於上述模型的設定，假若條件 Copula 模型的參數 γ_0 未知，記多元分佈模型的參數向量為 $\theta_0 \equiv (\alpha_{x0}, \beta_{y0}, \gamma_0)$，其參數估計方法有完全極大似然估計方法和多階段參數估計方法。其中，前一種估計是漸進有效的，而後一種方法相對比較容易處理。研究表明，多階段參數估計方法會帶來估計效率的損失，但這種損失並不大。因此，在實證分析中，更多地採用多階段參數估計方法。為了簡單起見，採用多階段參數估計方法估計 Copula 模型時，首先假設存在動態性且採用對數似然函數，記獨立同分佈樣本為 $\{(X_t, Y_t)\}_{t=1}^{T}$。同時，假設 Copula 函數是參數化的，但邊緣分佈函數既可以是參數化的也可以是非參數化的。於是，聯合對數似然函數可以表述為

$$\frac{1}{T}\sum_{t=1}^{T} \log h(x_t, y_t; \theta) = \frac{1}{T}\sum_{t=1}^{T} \log f(x_t) + \frac{1}{T}\sum_{t=1}^{T} \log g(y_t)$$

$$+ \frac{1}{T}\sum_{t=1}^{T} \log c(F(x_t), G(y_t); \theta)$$

---

① 條件 Copula 函數可以假定為時不變的，也可以假定為時變的。

其中，$\theta = (\alpha_{x0}, \beta_{y0}, \gamma)$，即邊緣分佈函數是參數化的，也即對於有限維參數 α_{x0} 和 β_{y0}，存在 $F(x_t) \equiv F(x_t, \alpha_{x0})$ 和 $G(y_t) \equiv G(y_t, \beta_{y0})$。若邊緣分佈是非參數化的，有 $\theta = (F, G, \gamma)$。

如果邊緣分佈函數是參數化的，完全極大似然估計方法是最常見的估計方法，該方法也即一步似然估計方法。在正則條件下，結果表明 MLE 估計是一致的、漸進正態的，其漸進協方差矩陣的估計量也可以採用標準方法得到（White, 1994）。然而，這種方法的缺點就是，即使是針對相對比較簡單的二元模型，需要同時估計參數的個數也很多，這就帶來了計算的複雜性。如果是在高維情形下，這種複雜性將變得更為明顯。Hofert 等（2013）在邊緣分佈確定的條件下，研究了阿基米德 Copula 在高維情形下的似然推斷方法。對於 Copula 模型而言，如果可以將邊緣分佈的參數進行分離，如記為 $(\alpha_x, \alpha_y, \gamma)$，那麼就可以首先估計邊緣分佈的參數，然後估計 Copula 參數。即第一步估計：$\hat{\alpha}_x = \underset{\alpha_x}{\mathrm{argmax}} \sum_{t=1}^{T} \log f(x_t, \alpha_x)$ 和 $\hat{\alpha}_y = \underset{\alpha_y}{\mathrm{argmax}} \sum_{t=1}^{T} \log f(y_t, \alpha_y)$；第二步估計：$\hat{\gamma} = \underset{\gamma}{\mathrm{argmax}} \sum_{t=1}^{T} \log c(F(x_t, \hat{\alpha}_x), G(y_t, \hat{\alpha}_y); \gamma)$。

在有些文獻中，兩階段參數估計方法有時也被稱為「邊際推斷函數」估計法，如 Joe 和 Xu（196），Joe（1997）。誠然，兩階段或多階段估計方法比一步極大似然估計方法在估計效率上存在損失，Song 等（2005）和 Fan 等（2012）仍然認為可以採用 maximization-by-parts 算法來估計 Copula 模型，且這種漸近有效的估計量趨同於兩階段估計量。已有研究表明，這種效率的損失並不大（Joe, 2005; Patton, 2006b）。Chan 和 Kroese（2010）也研究了 t-copula 函數在投資組合損失概率上的有效估計問題。在正則條件下，一步極大似然估計（MLE）的估計量是漸進正態的（White, 1994; Patton, 2006b），但漸進協方差矩陣卻呈現非標準形式（Patton, 2013）。

採用 Copula 方法分解聯合分佈時，一個顯著的特點就是邊緣分佈和

Copula 模型能夠通過不同的方法來獨立估計。半參數 Copula 模型拓展了這一特徵，並採用非參數模型來估計邊緣分佈，採用參數模型估計 Copula 參數。在這種情形下，Copula 模型的參數估計通常分為以下兩步。

第一步採用重標（rescaled）經典累積分佈函數估計邊緣累積分佈函數，即

$$\hat{F}_T(x) = \frac{1}{T+1}\sum_{t=1}^{T} I\{x_t \leq x\} \text{ 和 } \hat{G}_T(y) = \frac{1}{T+1}\sum_{t=1}^{T} I\{y_t \leq y\}$$

第二步採用最大化對數似然函數來估計 Copula 參數，即

$$\hat{\gamma}_S = \underset{\gamma}{\operatorname{argmax}} \sum_{t=1}^{T} \log c(\hat{F}_T(x)，\hat{G}_T(y)；\gamma)$$

這一估計量，有時也被稱為「經典極大似然」（canonical maximum likelihood）。有關這一估計量的漸進分佈函數，可以參考 Genest 等（1995），Chen 和 Fan（2006b）。此外，Chen 等（2006）還提出一種半參數 sieve ML 方法，以防止參數估計中的效率損失。

根據前文的描述，聯合累積密度函數的構建和估計主要有兩個步驟：第一步，對邊緣分佈函數進行構建和估計；第二步，對 Copula 函數進行構建和估計。當二元聯合分佈已知時，邊緣分佈函數和 Copula 函數或者等價的聯合分佈函數通常都是確定的。在這種情形下，聯合累積分佈函數或者一般的 Copula 模型通常採用上述步驟來進行估計，這將減輕計算負擔。但是，如果只有一元邊緣分佈函數已知，例如在隨機試驗中，聯合分佈函數也許只能被部分識別，這是由於樣本信息並不足以確定 Copula 函數。聯合累積分佈函數及其相應參數的識別集，被認為是一般 Frechet 問題的解。

對於基於 Copula 的多元時間序列模型，在採用兩階段估計方法估計殘參數化或非參數化邊緣分佈時，首先需要進行過濾，從而用被估計的標準化殘差代替原始數據。這一過濾步驟，可以採用現有估計一元模型的估計方法。在 Copula 參數估計量的漸進正態分佈可以得到的情況下，Chen 和 Fan（2006a），Chan 等（2009）闡述了這種參數估計的條件，並提出了漸

進協方差矩陣的估計方法。此外，一些學者也對這一類型估計量進行了深入的分析，如 Politis 和 Romano（1994）、Goncalves 和 White（2004）、Patton（2006b）、Genest 和 Remillard（2008）、Remillard（2010）和 Gaißer 等（2010）的 bootstrap 方法以及 Ruppert（2011）和 Patton（2013）的 block bootstrap 方法，Oh 和 Patton（2013）的 SMM 方法。目前，極大似然估計方法在估計 Copula 參數時最為常用，也表現出比較便利的特點。不過，一些學者也對其他一些估計方法做了探討，且這些方法也是不容忽視的，如 Genest（1987）、Ghoudi 和 Remillard（2004）、Remillard（2010）等的矩估計方法，Tsukahara（2005）的最小距離估計（Minimum distance estimation），Smith 等（2010，2012）、Min 和 Czado（2010，2011）、Smith（2013）和 Gruber 等（2012）等的貝葉斯估計。更多相關的闡述，可參考 Kurowicka 和 Joe（2011）。另外，對於藤 Copula 模型，參數的極大似然估計可以採用 R 軟件包中的 VineCopula 來實現（Schepsmeier 等，2012）。在正則條件下，當邊緣分佈函數非參數化時，Copula 參數估計量的漸進正態分佈不受過濾步驟的影響（Chen 和 Fan，2006a；Chan 等，2009；Remillard，2010）。

需要特別指出的是，只有在條件 Copula 不變的情況下，對半參數 Copula 模型估計的漸進理論才適用，如 Chen 和 Fan（2006a）、Chan 等（2009）、Remillard（2010）、Remillard 等（2012）和 Oh 和 Patton（2013）。不過，邊緣分佈的均值和方差可以是變化的，但標準化殘差向量需假設服從獨立同分佈。目前，對於條件 Copula 具有時變性情形下的相關理論研究，還鮮有相關研究文獻。儘管已經證明正則條件下的漸進正態分佈理論難以獲得，但完全參數化模型（邊緣分佈和 Copula 均為參數化）仍然可以處理時變條件 Copula 情形。

3. 擬合優度檢驗和模型選擇

對於任何參數模型而言，採用參數 Copula 構建多元模型可能會導致模

型的錯誤設定，因此需要進行擬合優度的檢驗。兩種最常見的擬合優度檢驗方法，就是標準的 Kolmogorov-Smirnov（KS）和 Cramer von Mises（CvM）檢驗，可參見 Berg（2009）、Genest 等（2009）和 Remillard（2010）。這兩種方法，都是將擬合的 Copula 累積分佈函數與經典 Copula 進行比較（Durrleman 等，2000），即 $\hat{C}_T(u_x, u_y) = \frac{1}{T}\sum_{t=1}^{T} 1(\hat{U}_{xt} \leq u_x, \hat{U}_{yt} \leq u_y)$。其中，$\hat{U}_{xt}$ 和 $\hat{U}_{yt}$ 均為被估計標準化殘差的概率積分變換，其依賴於參數化或非參數化邊緣分佈。對於參數估計而言，參數化和非參數化分析的推斷和擬合優度檢驗是不同的。但不論是參數化還是非參數化情形，估計誤差均存在，這意味著標準的 KS 和 CvM 檢驗的標準臨界值都是無效的。因此，採用模擬的方法就變得尤為重要，詳細可以參見 Remillard（2010）和 Patton（2013）。

類似地，擬合優度檢驗是基於 Rosenblatt's transform，也是多元概率積分變換的一種形式，可參見 Diebold 等（1999）和 Remillard（2010）。當 Copula 具有時變性時，這種方法尤為重要。在這種方法中，數據首先被轉換。如果模型正確，數據將成為獨立的、服從（0，1）均勻分佈的隨機變量，且可以採用 KS 和 CvM 檢驗方法對轉換後的數據進行檢驗。不過，用於經典 Copula 模型的擬合優度檢驗存在一個前提假設，即條件 Copula 是時不變的。因此，這種方法不適用於時變條件 Copula 模型。

與擬合優度檢驗相關的問題，就是模型的選擇。模型選擇的檢驗，是在一定設定下選擇最優的模型，而並非是將擬合的 Copula 模型同未知的真實 Copula 相比較。根據某一準則，在已知模型中找到最優模型（即模型選擇問題），其問題在於採用全樣本（in-sample）數據還是採用樣本外（out-of-sample，OOS）數據。如同處理參數化和非參數化模型一樣，這兩種處理方法存在很大的差異。Chen 和 Fan（2005）提出，採用 Pseudo-likelihood ratio 檢驗來選擇半參數多元 Copula 模型。更多模型的討論，可參考 White（2000）、Romano 和 Wolf（2005）、Chen 和 Fan（2006a，2007）、

Hansen 等（2011）等。

　　針對嵌套的 Copula 模型，其全樣本（樣本內）比較一般可以通過似然比或 Wald 檢驗來達到，其原假設為小模型是正確的，而備擇假設為大模型是正確的。然而，如果小模型依賴於大模型參數空間的邊界，或者在原假設下，有些大模型的參數不能識別，那麼問題將變得更為複雜，可參見 Andrews 和 Ploberger（1994），Andrews（2001）。例如，如果是比較正態 Copula 和學生 t-copula，就可以做如下假設，即自由度參數的倒數遠大於 0。對於構建非嵌套的、全參數的 Copula 模型，如果數據是獨立同分佈的，可以採用 Vuong（1989）的方法；如果是時間序列數據，可以採用 Rivers 和 Vuong（2002）的方法。其中，後者討論了很多種參數估計方法和評價測度。對於 Copula 的應用而言，如果邊緣分佈和 Copula 函數可以採用（一步或者多階段）極大似然估計方法來進行參數估計，那麼上述方法的結果將大大簡化，同時可以採用聯合對數似然函數來比較模型。在這些情況下，等精確性的檢驗就可以通過簡單的 t 檢驗來實現，其對數似然值與前一期差值的均值為 0。不過，有點複雜的是對數似然值與前一期差值的方差的 HAC 估計量必須已知（New 和 West，1987）。更多研究，可參見 Rivers 和 Vuong（2002）和 Chen 和 Fan（2006a）。

　　選擇最優模型，不僅僅是對樣本內數據的擬合，更重要的是通過最優模型對未來進行預測。在預測研究方面，模型的樣本外（OOS）比較被廣泛地運用，可參見 West（2006）。另外，Diks 等（2010）提出，可以採用 Giacomini 和 White（2006）的推斷理論，即條件預測能力（conditional predictive ability，CPA）檢驗，通過 OOS 對數似然函數來比較模型，其檢驗方法是基於 Kullback-Leibler 信息準則，即 KLIC。

2.2.1.4 基於 Copula 模型的應用

1. 風險管理應用

　　近些年來，Copula 理論在金融經濟學領域得到了廣泛的應用。在風險

管理應用方面，有 Hull 和 White（1998）、Embrechts 等（2002）和 Kaas 等（2009）在 Value-at-Risk（在險價值，VaR）方面的研究，Rosenberg 和 Schuermann（2006）和 McNeil 等（2005）在一般風險管理方面的研究，Gourier 等（2009）在操作風險度量方面的研究，以及 Weiß 和 Supper（2013）運用藤 Copula 的 VaR 研究等等。在風險管理中，Copula 的選擇尤為重要，這也是較為準確度量市場風險的關鍵，可參見 Kole 等（2007）。在實際研究過程中，運用 Copula 模型來計算 VaR 值，更接近經驗 VaR 值（Rosenberg 和 Schuermann，2006）。

在風險管理中，投資組合 Z 的 VaR 非常受關注。在來自 X、Y 的聯合分佈的二元分佈函數已知的情況下，VaR 可以計算。然而，如果只有一元分佈函數已知，則無法計算 Z 的 VaR。為了解決這一問題，一些研究假設 X、Y 相互獨立。然而，這種假設是不成立的（McNeil 等，2005）。如果對其不作任何假設，就可以計算 VaR 的確界，參見 Makarov（1981）、Embrechts 等（2003）和 Embrechts 等（2005）。在投資組合的風險分散化研究中，由於資產之間存在相依性，且很可能隨著時間的變化而變化，從而導致分散化的收益也具有時變性。如果能夠獲得 X、Y 相互依存的額外信息，就可以計算最壞的 VaR（the worst VaR）（Kaas 等，2009）。然而，與 VaR 不同，ES 具有更多的附加特性，也是風險的一致性測度。因此，可以採用 ES 來測度分散化收益的動態性（Christoffersen 等，2012）。

在投資組合策略應用方面，一個關鍵問題就是如何確定不同資產在組合中的權重。在不同的權重下，投資者的期望收益或者效用不同。因而，在投資組合中，需要確定最優的組合權重，從而獲得最佳的投資組合，最大化投資者的期望收益或者效用。相關研究，可以參考 Patton（2004）、Hong 等（2007）、Christoffersen 和 Langlois（2011）、Garcia 和 Tsafack（2011）、Christoffersen 等（2012）等。另外，Low 等（2013）探討了 canonical vine copulas 在投資組合管理中的實用性問題。Boubaker 和 Sghaier

（2013）研究了基於 Copula 方法在帶長記憶的相依金融收益率之間的投資組合最優化問題。

很明顯，隨機變量的邊緣分佈也是很重要的。只要邊緣分佈確定，即使不能獲得隨機變量 X、Y 之間的相依信息，仍然可以計算相關係數。例如，假設市場風險 X 和信用風險 Y 的線性組合 Z。為了估計 Z 的在險價值 VaR，需要確定 X、Y 的二元聯合分佈，而這一聯合分佈往往不能直接獲得。然而，在險價值 VaR 可以根據 X、Y 的邊緣分佈 F、G 來計算。相關研究，可參見 Chernozhukov 等（2007），Stoye（2009），Andrew 和 Soares（2010），Fan, Guerre 和 Zhu（2013）。在實際應用中，一個常見的方法就是模擬的方法。其主要步驟是：首先，根據事先構建的模型生成一些觀察值；然後，計算投資組合的收益率；最後，採用模擬得到的收益率的經驗分佈估計 VaR。

2. 衍生品定價應用

在資本市場上，新息（innovation）容易給市場帶來不同的衝擊，而且衝擊的好壞程度就會使市場呈現非對稱性的相依結構特徵，也容易使市場發生結構突變。Salmon 和 Schleicher（2006）認為，如果不考慮這種非對稱的相依結構，對外匯資產的定價就可能會出現很大的偏差。因此，在實際的定價應用研究中，應該充分考慮這種非對稱性的相依結構特徵。在衍生品定價研究中，國外主要從以下兩個方面展開研究：

一方面，研究信用衍生品的定價，如 CDS、CDO 等。Li（2000）首次將 Gaussian copula 模型引入債務違約的研究中。Gaussian copula 模型，為資產債務違約的聯合概率的計算提供了一種簡便的方法。[①]在信用違約方面的研究，可參見 Schonbucher 和 Schubert（2001），Rosenberg（2003），Cherubini 等（2004），Giesecke（2004）、van den Goorbergh 等（2005），Yang 等（2009），Wang（2009），Hofert 和 Scherer（2011），Duffie（2011）

---

① Gaussian copula 被引入債務違約問題中後，複雜金融衍生品出現井噴式增長，這也為美國次貸危機的爆發埋下了根本的隱患。

和 Zimmer（2012）等。在 CDO 定價方面，Glasserman 和 Suchintabandid（2007）進行了擴展研究。在有些情況下，某種單一的 Copula 可能不能精確地進行定價研究，而採用混合 Copula 可能是一種比較好的選擇，相關研究如 Chen（2012）等。另一方面，研究期權定價，如 Bennett 和 Kennedy（2004），Salmon 和 Schleicher（2006），Zhang 和 Guegan（2008），Taylor 和 Wang（2010），Bedendo 等（2010）等。

3. 藤 Copula 應用

一般的 Copula 函數能夠用來刻畫資本市場之間的相依性結構特徵，但卻不能準確描述高維情形下的相依性結構。鑒於此，Bedford 和 Cooke（2001，2002）提出採用藤 Copula 方法來捕捉高維金融資產間的相依性。尤其是在 2007—2008 年全球金融危機時期，精確地對多種金融資產進行風險管理更是重要。相關研究，如 Czado 等（2008）通過構建的 pair-Copula 模型研究歐元匯率市場的特徵；Aas 等（2009）也採用 pair-Copula 模型研究了金融時間序列之間的相依性結構。Horta 等（2010）同樣基於 Copula 來刻畫美國股票市場同其他股票市場之間所存在的相依特徵，並比較了 2007—2009 年金融危機發生前與發生期間相依程度的變化，進而探討危機是否有傳染現象，研究發現了危機產生的傳染效應，且認為市場投資者也對此產生了一定的預期。而 Nikouloulopoulos 等（2012）則運用藤 Copula 函數探討了金融收益率序列之間可能存在的非對稱尾部相依特徵；Stöber 和 Czado（2014）採用藤 Copula 模型研究發現高維金融市場上收益率序列之間具有狀態轉換特徵的相依結構。Min 和 Czado（2014）將藤 pair-copula 與 ARMA-GARCH 驅動的半參數 Copula 動態模型相結合，研究了不同匯率市場之間的相依性結構特徵。大量研究表明，藤 Copula 結構比其他 Copula 結構更為靈活（Czado 和 Aas，2013）。更多相關研究，可以參見 Allen 等（2013），Low 等（2013），Low，Faff 和 Aas（2013），Brechmann 和 Schepsmeier（2013），Dißmann 等（2013）等。此外，Brechmann 等（2012）提

出了 truncated R-vines，即將最後一棵「樹」的 Copula 對都設定為獨立的 Copula 函數。Beare 和 Seo（2014）構建了一種新的規則藤結構，即針對平穩的多維高階 Markov 鏈建立半參數模型，這種結構被稱為 M-藤。

2.2.2 國內相依特徵研究

Copula 理論最早源於 Sklar（1959），而中國學者對該方法的研究相對比較晚。張堯庭（2002）在國內首次介紹了 Copula 方法，並分析了 Copula 技術在金融風險研究中的可行性。在資本市場上，不同資產之間廣泛存在比較複雜的非線性相關關係，也即相依性。實際上，Copula 函數能夠用來描述這種相依性。因此，中國學者基於 Copula 函數對資本市場進行了很多相關的研究。史道濟和關靜（2003）運用 Copula 函數對滬深股市風險的相關性進行了分析。韋豔華等（2003）探討了 Copula 理論在金融領域的應用。實際上，針對金融領域的 Copula 方法應用研究的系統性闡述，可參見韋豔華（2004）。近幾年來，中國學者基於 Copula 理論的相依性研究明顯增加。尤其是在美國次貸危機發生之後，中國學者對資本市場上的尾部風險及其度量、資產投資組合的分析、基於相依性的資產定價等方面進行了很多研究。

2.2.2.1 尾部相依性研究

包衛軍和徐成賢（2008）將隨機波動率模型引入 Copula 函數中，構建了雙變量的金融時間序列 Copula-SV 模型，然後運用該模型研究上海綜合指數與深圳成分指數之間的尾部相依關係。在眾多類型的 Copula 函數中，他們主要採用了不同的 Archimedean copula 函數來研究尾部相依性並運用 K-S 來檢驗模型對滬深指數之間相依性的刻畫能力。他們的研究發現，Clayton copula 和 Gumbel copula 函數能夠分別很好地捕捉滬深指數之間的下尾相依性和上尾相依性。這一研究，有利於風險管理者對市場風險的管理，並幫助預測資本市場的變化。王曉麗等（2009）也運用 Copula 函數研

究了上海綜合指數與深圳成分指數之間的尾部相依關係，並採用非參數方法估計了尾部相關係數，發現滬深指數之間的下尾相依性強於上尾相依性。魏平和劉海生（2010）也採用上述模型開展了類似的研究，但得到的結論卻與王曉麗等（2009）的研究結論有點差異。為了更好地刻畫資本市場之間存在的時變相依特徵，王沁等（2011）構建了一個時變 FGM-copula 模型，其研究發現該模型具有較好的刻畫能力。李丹等（2015）運用半參數 Copula 模型研究了中國股指期貨與現貨市場之間的相依關係，發現該模型能夠很好地捕捉到兩個市場之間的相依關係，且認為市場的尾部特徵較為顯著。吳吉林等（2015）採用多機制平滑轉換的混合 Copula 模型研究了中國 A、B、H 股市之間的尾部相依性，並發現了不同的運動趨勢。

與之前研究國內不同股票之間的相依性不同，龔樸和黃榮兵（2009）為了研究次貸危機下中國與美國股市之間的聯動性，採用時變 t-copula 函數分析並度量了次貸危機對中國內地股市的衝擊程度，發現相對於美國次貸危機對香港股票市場的衝擊而言，危機對中國內地股票市場產生的衝擊程度不是很大，但仍然在一定程度上加劇了內地股票市場的震盪，且認為次貸危機的傳染性容易通過香港股市傳導到內地股市。劉曉星等（2011）採用 EVT-copula 模型分析了美國股票市場與英國、日本、法國、中國香港和中國內地股票市場之間的相依性及風險的溢出效應，並結合 CoVaR 模型，構建 EVT-Copula-CoVaR 模型來度量風險溢出強度。黃在鑫和覃正（2012）考慮到風險值對股票收益率的影響構建了 Copula-GARCH-M-t 模型，並運用該模型來刻畫中國與美國股票收益率之間的相依性結構，然後通過股市之間的尾部相依關係，分析中美兩國金融市場之間的風險傳導路徑。吳恒煜等（2013）選取 2004 年 1 月 1 日到 2009 年 6 月 30 日中國內地、中國香港、日本、英國和澳大利亞五個股票市場日收盤價數據，採用總體擬合效果法來選取合適的 Copula 函數並運用基於 Copula 理論的相關係數法研究這些股市之間的相依性結構，發現次貸危機後各股市間的尾部相

依性出現不同的變化，市場收益率呈現下降趨勢且波動性均有所增加，澳大利亞與英國股市間的尾部相依性最強，而中國股市與其他股市之間的相依性較弱，說明受到影響的程度較小。葉五一等（2014）推廣了 Copula 的變點檢測方法，採用時變非參數 Archimedean copula 函數研究全球六個主要股市與美國 S&P500 指數之間的相依性，以分析次貸危機對不同國家和地區的風險傳染效應。林宇等（2015）採用混合 Copula 模型研究了滬深 300 指數與香港恒生指數之間的非對稱相依關係，並發現兩個市場的下尾相依關係強於上尾相依關係。

與上述研究股票市場之間的相依性不同，一些學者將 Copula 模型引入其他市場之間的相依性結構的研究之中。童中文和何建敏（2008）針對 CDS 的特徵，構建了基於風險中性違約相關的 Copula 模型，然後研究了違約相關性，發現自由度為 8 的學生 t-copula 函數在捕捉違約相關性方面是最優的。張自然和丁日佳（2012）採用 SJC-Copula-MGARCH 模型研究了人民幣匯率境內現貨市場、境內可交割遠期市場、境外無本金交割遠期市場之間的相依性結構。江紅莉等（2013）運用時變 Copula 模型分析了房地產業與銀行業之間的動態尾部相依性。張國富和杜子平（2015）採用五種 Copula 模型研究了通貨膨脹率序列與資產化農產品價格指數收益率序列之間的相依性程度，研究表明 Frank copula 在刻畫兩者的相依性方面具有最優的表現，且兩者之間呈現出正的相依性關係。

除了上述研究之外，實際上還有很多學者將 Copula 族模型引入更多的研究領域中，例如電力、水文環境、航空飛行、化工、系統可靠性冗餘優化等。由於這些研究與上述研究的思路基本類似，故不做更多的闡述。

2.2.2.2　風險管理應用研究

準確度量資本市場的風險，不僅可以幫助市場風險管理者有效管理市場風險，並預測市場的波動，還可以幫助市場投資者制定合理的投資組合和套期保值的策略。因此，國內學者採用 Copula 族模型對不同的資本市場

上的風險做了很多實證研究。例如：陸靜和張佳（2013）考慮到操作風險可能呈現出厚尾分佈的特徵，運用 POT 極值模型得到每一個風險單元的邊緣分佈，並採用多元 Copula 函數來度量這些風險單元之間的相依性並計算 VaR 值，通過研究中國商業銀行 1990—2010 年的操作風險數據，發現 Clayton Copula 函數能夠更好地刻畫各個操作風險單元間的相依性結構，且採用 Copula 函數計算的 VaR 值比簡單加總而計算的 VaR 值約降低 32.3%。姚琳（2013）考慮到資產價格具有跳躍的特徵，構建了 MRS Copula-ARJI-GARCH 模型，並運用該模型來探討投資組合的策略問題。

陳玲俐（2014）考慮到資產的尖峰厚尾和有偏的特徵，結合 GJR-Skew t 模型和 Copula 模型，採用 Monte Carlo 技術來模擬資產的隨機分佈，並結合滾動時間窗口的方法，動態預測了樣本外資產組合的風險，發現 Copula-GJR-Skewt 模型在金融資產組合的風險預測方面具有良好的性能。

荀紅軍等（2015）從巴塞爾協議與銀行風險管理的新視角入手，構建了 GARCH-EVT-Gaussian-Copula 模型和 GARCH-EVT-t-Copula 模型，並將該模型應用於美元、日元、歐元、港幣四種與人民幣匯率的投資組合風險度量研究，研究發現 GARCH-EVT-Gaussian-Copula 模型和 GARCH-EVT-t-Copula 模型都符合巴塞爾協議制定的內部模型法（I--）對商業銀行管理風險的要求，且這兩種模型的估計結果都比歷史模擬法、蒙特卡羅方法、正態方法、單用極值方法更準確；另外，相比於 GARCH-EVT-t-Copula 模型而言，GARCH-EVT-Gaussian-Copula 模型的估計結果更加能夠節省商業銀行的經濟資本。

何娟等（2015）在短期風險預測優化的框架下，提出基於 Monte Carlo 質物組合長期風險預測的方法，通過建立 ARMA-EGARCH-EVT 族模型和多元學生 t-copula 模型，來刻畫現貨質物收益率的自相關性、尖峰厚尾、波動集聚性等特徵和質物之間的非線性相依結構，從而發現在長期風險預測視角下的均值 CVaR 框架比修正的均值方差模型更加具有優勢。

趙魯濤等（2015）考慮到能源價格受到國際金融資本與投機資金的衝擊而產生劇烈震盪，提出了能源價格風險值這一新的指標，通過建立基於 Copula-VaR 能源價格風險模型，量化研究了能源投資組合的在險價值，發現所構建的能源價格風險模型能夠優化能源投資組合的權重分配，從而更好地降低了投資的風險。

採用日數據研究時，大量的日間信息會被忽略，這可能影響研究結果。基於此，李勇等（2015）將已實現波動率與 Copula 函數相結合，構建了 RV-Copula 模型來研究基於高頻數據的風險最小化的套期保值策略。

2.2.2.3 衍生品定價研究

20 世紀末，Copula 函數被引入金融領域，中國學者也較早地基於 Copula 函數研究了資產價格的定價。李平和黃光東（2005）探討了基於 Copula 函數的二元數字期權定價的應用，發現一個二元數字期權價格正好與一個 Copula 函數相對應。朱光等（2006）研究了基於 Copula 函數的極大和極小歐式期權定價，並給出了期權價格的表達式。另外，馮謙和楊朝軍（2006）、王輝（2009）、楊瑞成等（2009）、陳田（2010）、吳恒煜等（2011）將 Copula 函數應用於擔保債權憑證（CDO）的定價；詹原瑞等（2007）將 Copula 函數應用於信用違約互換組合（CDS）的定價模型研究；周孝華和肖建軍（2008）研究了基於 Copula 函數的 IPO 理論定價模型。李平等（2012）採用 Fréchet Copula 函數與相關性測度 Kendall's τ 描述了脆弱期權行權的概率與對手方違約的相依結構，推算了歐式脆弱看漲期權的價格的閉合形式，並採用數值計算與敏感性分析研究了歐式脆弱看漲期權的價格。向聖鵬和楊湘豫（2013）基於 Copula 函數對複合期權進行了定價，並根據風險中性計算的複合期權的價格，給出了在採用 Bayes 時序診斷法與 Z 檢驗進行期權定價時呈現大的價格波動的局部拐點方法。張茂軍和趙雪妮（2014）構建了單因子的 t-copula 模型，並將該模型應用於一籃子的信用違約互換的定價。

然而，自 2007 年美國次貸危機以來，全球資產價格出現異常跳躍，並發生急遽下跌，這使目前的衍生品定價模型受到巨大的挑戰。因此，引入跳躍過程，並假設基礎資產的價格服從某種過程，就成為學術界拓展新的信用衍生品定價模型的關鍵所在。基於此，史永東和武軍偉（2009）假設基礎金融資產服從 Variance Gamma（VG）過程，構建了基於 Levy copula 的信用衍生品定價模型，並採用蒙特卡羅模擬技術來檢驗定價模型的精確度，發現所構建的定價模型能夠很好地針對不同參數設置情形下的組合信用衍生品定價。牛華偉和王定成（2015）針對歐式脆弱期權，將基礎金融資產價格服從雙指數跳躍擴散過程，通過二維 Laplace 變換推算了該期權價格的一個表達式，從而實現歐式脆弱期權的定價，發現所推斷的定價公式能夠有效地對歐式脆弱期權進行定價。

2.2.2.4 *藤 Copula 應用研究*

相對於國外對藤 Copula 的研究，中國學者起步較晚。杜子平等（2009）考慮高維化和動態化的特徵，將高維 Copula 中的藤方法與動態 Copula 函數結合，構建了動態藤 Copula 分析框架，並通過實證發現構建的高維動態藤 Copula 模型對數據的擬合程度更高。吳恒煜等（2011）提出一種採用藤結構來構造的三維 Copula 算法，並給三種資產的交換期權進行定價。羅長青和歐陽資生（2012）基於信貸組合管理的框架，將行業信用風險作為基礎，構建了藤 Copula 函數的多元信用風險相依性度量模型，並將該模型應用於 2006 年 6 月到 2010 年 12 月之間中國上市公司的數據分析，發現 Canonical copula 函數能夠較好地度量行業信用風險的相依性。

高江（2013）將藤 Copula 函數引入研究中，用以刻畫多個資產收益率的聯合分佈特徵，並基於藤 Copula 模型，採用蒙特卡羅模擬方法來計算資產組合的在險價值（VaR），最後運用 Kupiec 和 Christoffersen 的 Back-testing 方法來檢驗藤 Copula 模型對在險價值的預測效果。

範國斌等（2013）採用正則藤 Copula 方法研究了上海、香港、臺灣股

票市場之間的非線性相依結構，並預測了投資組合 VaR 的值，發現正則藤 Copula 方法能夠更為準確地度量組合的風險。

張國富等（2014）構建了人民幣對歐元、美元、英鎊、日元、加元、盧布和林吉特等一籃子貨幣匯率的 C-vine 結構，以刻畫這些匯率之間的相依性結構特徵，發現人民幣對歐元匯率處於中心匯率的地位，是一籃子人民幣匯率變動的主要依賴性因素。

馬鋒等（2015）選取世界十大股票市場指數數據，採用滾動 Monte Carlo 模擬技術方法，計算了基於 R-vine、D-vine、C-vine 和 R-vine all t 分佈的投資組合的 VaR 值，並運用 Back-testing 檢驗方法來比較四種模型在投資組合 VaR 的預測方面的能力，發現 R-vine 模型在等權重和 mean-CVaR 兩種約束條件下均具有最優的投資組合 VaR 的預測效果，且這種效果在高分位數水準下更為明顯，其次為 D-vine 模型和 C-vine 模型，而 R-vine all t 分佈模型在 VaR 預測效果方面表現最差。

龔金國和鄧入僑（2015）為了更好地刻畫高維金融變量之間的非線性動態相依關係，在廣義自迴歸得分理論的基礎上，構建了時變 C-Vine Copula 模型，並提出了該模型半參數估計方法與擬合優度的假設檢驗。通過蒙特卡羅的仿真實驗，他們發現基於 GAS 的時變 C-Vine Copula 模型能夠捕捉到高維金融變量之間的非線性動態相依結構，且穩健性較好。

2.2.3 研究述評

在度量資本市場之間的相依性結構方面，二元 Copula 函數發揮了重要的作用，因為這些函數存在很多種形式，並且具有很多的參數，這有利於合適 Copula 函數的選擇，更多介紹參見 Joe（1997）和 Nelsen（1999）。與二元參數 Copula 相比，高維參數 Copula 卻相當有限。目前為止，高維情形下的應用大多集中在 Gaussian copula 和 Student's t-copula。不過，部分學者將高維情形的應用擴展到 skew-t copula（Christoffersen 等，2012）。眾所周

知，高維Copula模型的構建相當困難和複雜。幸運的是，有些學者在這方面的研究獲得了很大的成果。Hering等（2010）、Hofert和Scherer（2011）研究了高維阿基米德Copula模型的構建。Kurowicka和Cooke（2006）、Aas等（2009）和Acar等（2012）探討了Copula對的構建，也即藤Copula模型的建模。另一種處理高維情形的方法，就是通過降維，即採用主成分分析法將眾多變量分類或者分塊，並獲得主要因子，進而與Copula函數結合建模，即構建因子Copula模型。研究表明，在高維情況下，因子Copula模型也表現出比較優越的特性（Oh和Patton，2012）。與低維情形類似，構建高維動態Copula與藤Copula結構也是值得進一步深入探討的方向。

就Copula建模及其應用方面，一個重要的方向就是構建一種嵌套的Copula模型（Hofert，2011；Hofert和Pham，2013）。例如，一種重要的嵌套Copula模型就是Levy-copula模型，即將Levy過程引入Copula建模（Kallsen和Tankov，2006；Hering等，2010）。根據Sklar定理，仍然可以根據任意一元Levy過程來構建一般的多元Levy過程以及任意的Levy copula。Levy copula模型，主要是為多重變量跳躍相依動態過程建模而提出的，這類模型能夠聯合探討帶跳躍的相依結構（Mai和Scherer，2009；Grothe，2013），也可以進行期權定價（Tankov，2005），從而使其應用範圍更廣。另外，一些學者進一步拓展Levy-copula模型，即構建基於Levy-copula的藤結構（Grothe和Nicklas，2013）。對於這類模型，主要是將Levy過程引入藤分解結構中的第一棵「樹」中，即構建無條件的Levy-copula對。在其他「樹」中，由於所選擇的Copula對都是屬於條件Copula對，情形與正則藤結構相似，因此其他「樹」中的Copula對就只需要採用正則藤結構中的Copula對，並沒有必要再引入Levy過程。此外，Kim和Volkmann（2013）構建了正態調和穩態（Normal tempered stable）Copula模型。

目前，在基於Copula的金融時間序列研究中，大多數研究都是採用日數據，而存在於日內的大量信息卻被忽略，這在一定程度上可能影響了相

關研究結論的準確性。顯然，如果採用高頻數據或者混頻數據，如 Breymann 等（2003）、Dias 和 Embrechts（2010）等，就能夠有效地利用日內信息，從而提高研究結果的準確性。因此，在大數據時代，採用高頻數據或者超高頻數據進行金融學領域的研究，是未來發展的一個重要方向。

2.3 資本市場結構轉換與跳躍行為特徵研究

2.3.1 資本市場結構轉換特徵研究

在全球金融經濟一體化發展進程中，各種不確定性信息給全球資本市場帶來了積極的或消極的衝擊，這加劇了全球資本市場的價格波動，且往往呈現出波動的持續性，這也給市場造成了很大的不確定性風險。根據 Chou（1988）的研究發現，採用 Bollerslev（1986）的 GARCH 模型往往會顯示出很高水準的波動持續性。然而，Lamoureux 和 Lastrages（1990）的研究表明，資產價格呈現出的波動高持續性是一種錯覺，這是由於資產收益率序列存在結構變化而導致的，並認為如果收益率序列存在結構轉換特徵，其波動持續性程度就會被高估。而事實上，資產價格的結構轉換特徵是資本市場上普遍存在的一個特徵，且不成熟的資本市場會表現得更為顯著。因此，構建並採用基於結構轉換特徵的波動率模型來研究和預測資本市場資產價格的波動性，就成為學術界研究的一個重要方向。

Hamilton 和 Susmel（1994）、Cai（1994）將馬爾科夫結構轉換過程與向量自迴歸過程結合，構建了具有馬爾科夫機構轉換的向量自迴歸模型，即 MRS-ARCH 模型，該模型能夠較好地擬合金融時間序列的特徵。然而，該模型在實際運用中也存在一些局限，即需要較大的滯後階數，這就增加了待估計參數的個數，同時也可能帶來更強的多重共線性。鑒於此，一些學者將 MRS-ARCH 模型進行了一些改進。Gray（1996）構建了 MRS-

GARCH 模型，並運用極大似然估計法對模型的參數進行估計。更多拓展模型，有 Ané 和 Ureche-Ranga（2006）構建的基於結構轉換的非對稱冪 GARCH 模型（regime switching asymmetric power GARCH，RS-APGARCH 模型），Walid 等（2011）構建的 MRS-EGARCH 模型，郭名媛和張世英（2007）提出的持續時間依賴的馬爾科夫結構轉換的 GARCH 模型（DDMRS-GARCH 模型），等等。

在實際應用中，馬爾科夫結構轉換模型對金融時間序列表現出較好的擬合效果，且對樣本外數據也具有較好的預測能力。因此，該模型被廣泛地應用到很多領域。魏巍賢等（2006）運用三狀態的馬爾科夫結構轉換模型探討了世界油價波動率的變化。李小平等（2012）通過構建基於馬爾科夫狀態轉換的廣義自迴歸條件異方差模型，即 MRS-GARCH 模型，研究 2008 年全球金融危機前後不同國家或地區的匯率的波動轉換特徵，發現金融危機期間突發情況、宏觀經濟形勢的變化、中央銀行的干預政策、國際利差的交易行為均可能成為這些國家或地區的匯率發生波動狀態轉換的原因。Miao 等（2013）採用兩狀態的馬爾科夫結構轉換模型來分析美國股票和國債的數據，發現美國股票和國債市場數據在經濟危機期間存在明顯的狀態轉換結構特徵。楊繼平等（2014）考慮到股市的波動結構轉換特徵和參數模型存在設定誤差問題，提出了基於馬爾科夫結構轉換的非參數 GARCH 模型，並將該模型應用於中國滬深股市波動率的估計與預測，採用均方誤差等指標來評估模型的估計和預測效果，發現服從正態分佈的誤差分佈的參數與非參數 MRS-GARCH 模型具有較好的估計和預測能力。

2.3.2　資本市場跳躍行為特徵研究

資產價格的跳躍行為，是金融研究領域的一個重要的研究方向，也是市場微觀結構研究的一個焦點問題。由於資產價格在受到衝擊後會發生異常的跳躍行為特徵，準確地刻畫或描述這些跳躍，就成為研究的首要任

務。Press（1967）首次引入 Poisson 過程，通過構建複合事件模型，將資產價格假設成為離散事件的結果，並設定跳躍次數和強度均服從於不變參數的 Poisson 分佈過程和正態分佈過程，以此來描述資本市場上資產價格發生的跳躍行為，同時也比較有效地刻畫了資產收益率序列的尾部特徵。隨後，更多的學者引入跳躍過程來研究資本市場的跳躍現象，如 Cox 和 Ross（1976）、Merton（1976）等。以這些研究為基礎，資產價格的跳躍擴散模型逐漸成形。

在早期，資產價格跳躍行為的研究都是基於跳躍擴散模型，即假設資產價格服從跳躍擴散過程。Ball 和 Torous（1983）基於跳躍擴散過程，假設跳躍幅度是單位幅度，運用參數估計方法證實了股票價格的跳躍行為特徵。與此不同的是，Akgiray 和 Booth（1988）拓展了跳躍擴散模型的雛形，構建了混合 GARCH 跳躍模型，以期用 GARCH 過程來刻畫資產價格的正常波動，用跳躍參數來解釋資產價格的異常波動。混合 GARCH 跳躍模型，由於引入了跳躍因子，能夠有效地刻畫資本市場的波動。儘管如此，混合 GARCH 跳躍模型仍然存在一些局限性。一方面，混合 GARCH 跳躍模型假設跳躍參數是不變的常數，即假設跳躍次數是服從常數的 Poisson 過程，這實際上無法刻畫金融危機發生時資產價格的波動，因為在危機期間資產價格波動出現跳躍的概率會大於正常時期。另一方面，混合 GARCH 跳躍模型假設跳躍強度與次數之間不存在跨期相關，這顯然也與真實市場跳躍行為特徵不太相符。於是，Pan（1997）基於 ARCH 結構，提出了一個類似於二叉樹結構的 jump GARCH 模型，研究表明該模型能夠更好地刻畫資產價格動態變化過程。

為了進一步優化模型對資產價格跳躍行為的刻畫，一些學者放寬了對不變跳躍參數的設定，並構建了隨機跳躍模型。Das（1998）和 Fortune（1999）通過引入虛變量來刻畫跳躍的週期變化特徵，從而構建可變跳躍模型。與上述研究不同，Chernov 等（1999）構建了自迴歸跳躍模型，即

設定當期的跳躍強度會受到前期強度的影響。Chan 和 Maheu（2002）提出自迴歸跳躍強度模型（ARJI 模型），來研究股票市場收益率的跳躍特徵，發現股票市場存在顯著的條件條約強度的時變性以及跳躍幅度分佈的時變性，且樣本內和樣本外的條件跳躍動態性能夠很好地擬合股票市場上的波動特徵，這有利於捕捉到股市出現顯著下跌時的信號。隨後，Maheu 和 Mccurdy（2004）、Daal 等（2007）研究了其他類型的自迴歸隨機跳躍模型。與上述模型不同，Harvey 等（1994）、Mahieu 和 Schotman（1998）在隨機波動率模型引入了跳躍因子，通過構建 SVJ 模型來刻畫金融資產價格的跳躍特徵。但為了克服 SVJ 模型不能直接分析跳躍行為與波動性的關係，Duffie 等（2000）基於 SVJ 模型構建了雙跳躍模型。進而，Eraker 等（2003）構建了 SVCJ 模型，該模型能夠度量金融資產價格的跳躍。這些模型的構建，在很大程度上提高了金融市場隨機波動跳躍集聚性的刻畫能力，但也存在一定的缺陷，即假設跳躍行為具有不變的到達率，進而假定出現跳躍行為的概率是一個常數。因此，基於 Levy 過程的隨機跳躍模型研究就成為學術界一個新的研究方向，相關研究可參見 Carr 等（2002）、Carr 和 Wu（2003，2004）、Li 等（2008）等。國外近幾年的應用研究，如 Nirei 和 Sushko（2011）、Kao 等（2012）、Fowowe（2013）、Christensen 等（2014）、Gilder 等（2014）、Bibinger 和 Winkelmann（2015）等。

針對資產價格的跳躍行為，國內學者也進行了很多的研究。陳浪南和孫堅強（2010）考慮跳躍性的時變性、聚集效應以及條件波動率的非對稱性和位移特徵，構建了一個新的混合 GARCH 跳躍模型，並運用該模型實證研究了五種不同指數的跳躍特徵，發現條件波動率同跳躍行為之間存在雙向的直接回饋效應，且跳躍行為存在時變性特徵和集聚效應，同時條件波動率仍然存在傳統的非對稱效應與位移效應，但這種非對稱效應的程度卻會因跳躍行為的發生而出現加劇或者減緩的現象。

趙華（2012）基於連續時間的跳躍-擴散理論，通過將已實現極差方

差進行分解，從而得到連續成分和跳躍成分，再通過構建包括這兩種成分的槓桿異質性自迴歸模型（LHAR-RRV-CJ模型），以研究中國股票市場的跳躍行為和槓桿效應，發現跳躍特徵顯著存在於中國股市，且存在槓桿效應，同時所構建的模型表現出良好的預測能力。

劉楊（2012）基於證券市場的微觀結構理論的視角，在「已實現」波動率的研究框架下，較為系統地從理論上與實證上研究了中國證券市場上資產價格的跳躍行為特徵，以揭示中國證券市場資產價格形成的微觀機理。

鄭挺國和劉金全（2012）將隨機波動與跳躍引入短期利率模型中，採用序貫參數更新的思想與粒子濾波的估計方法，實證分析了中國銀行之間短期利率的隨機波動特徵和跳躍行為，發現這兩種特徵均顯著存在於中國銀行之間的短期利率之中，且構建的CIR-SV-J模型能夠較好地擬合短期利率的動態性。

唐勇和張伯鑫（2013）基於非參數方法與A-J跳躍檢驗的統計量，構建了一種新的跳躍方差、連續樣本路徑方差以及對跳躍方差模型，並將該模型應用於上證綜指的高頻數據的研究，以分析跳躍方差的統計特徵與貢獻、跳躍幅度、跳躍同經濟信息之間的關係，發現跳躍方差具有顯著的尖峰厚尾和波動聚集的特徵，不同抽樣頻率下跳躍方差的貢獻程度比較相近，正向與負向跳躍幅度均有不對稱的特徵，經濟信息的公布與跳躍之間總是存在正相關關係。

趙華和秦可佶（2014）運用非參數的跳躍識別方法，選擇高頻數據研究了中國股市的跳躍性，發現中國股市在上午開盤的時候出現跳躍的次數明顯多於其他交易時間，而午後開盤時跳躍次數相對較少，但其跳躍幅度處於峰值；然後，採用Logit模型分析了中國股市價格的跳躍與定期宏觀信息發布之間的關係，發現宏觀信息發布產生的意外信息對中國股價的跳躍存在顯著的影響，而不同方向的信息衝擊對股價跳躍又具有不同程度的影響。

彭偉（2015）通過改進雙變量 EARJI-EGARCH 模型，研究了中國的上證指數、日本的日經指數與韓國的綜合 KS 指數的跳躍特徵以及雙邊時變收益之間的關聯影響，發現三國股市之間時變關聯的持續性比較高，且單一市場跳躍不會在較大程度上形成時變關聯影響，而市場同時發生的跳躍對市場形成的時變關聯影響取決於跳躍的方向，即當市場同時發生正向跳躍時，上證指數與日經指數之間呈現出最多的時變收益增量，而當市場同時發生負向的跳躍時，上證指數與韓國 KS 指數之間的時變收益卻減少最多。

2.3.3 研究述評

由於受到源於市場自身不完善以及外部因素等的影響，資本市場容易受到衝擊而發生價格上的波動。在經濟金融危機期間，資產價格的異常波動更加明顯，這使得市場結構發生轉換的概率大大增加，也增加了市場的跳躍頻率和跳躍幅度。在真實的資本市場上，結構轉換與跳躍行為特徵往往都會同時存在，或某一種特徵表現得更為明顯。於是，在實際的研究過程中，學者們往往需要根據所探討的主要問題有針對性地研究某種特徵。與上述研究不相同，謝赤等（2013）考慮市場跳躍行為可能存在動態變化特徵，將馬爾科夫機制轉換過程引入自迴歸跳躍強度模型，構建了基於機制轉換狀態的自迴歸跳躍強度模型，即 RS-ARJI 模型，以檢驗股票市場收益率的跳躍行為是否均有機制轉換的特徵。由於該模型不僅可以研究跳躍強度的時變動態性和波動聚集性，還能夠研究在不同的狀態機制下跳躍幅度與跳躍強度之間的差異，並可以分析產生這些差異的機理。因此，同時考慮狀態轉換和跳躍特徵，在實際研究中具有很強的意義。

2.4　本章小結

　　本書主要研究歐盟碳排放交易市場的結構特徵，從而為市場投資者更好地認識碳排放交易市場的發展，並為他們的市場投資行為提供一些參考。基於此，本章主要從金融經濟學的視角出發，分別從碳排放交易問題、資本市場結構相依性、資本市場結構轉換與跳躍行為四個方面，梳理了國內外相關的研究文獻。

　　碳排放交易市場得以建立與發展，其理論基礎源於產權理論。通過明確排污權，來劃分市場參與者的責任和履行的義務，並引入市場交易機制，而通過可交易碳排放許可證來解決環境污染的外部性問題。然而，學術界對碳排放權市場上現有的減排機制是否有效還存在一些爭議。為了有效地控制碳排放，徵收碳稅也是一種途徑，然而這種途徑在效率方面也是有限的。當然，如果能夠通過市場本身的調節機制來解決這一系列問題，其有效性與效率性均可能獲得改善。因而，較為成熟、完善的市場交易制度，是碳排放交易市場長久發展的基礎。隨著碳排放交易市場的發展，該市場日益走向成熟，其金融屬性逐漸顯現，從而使該市場發展成為一個重要的資本市場。與其他資本市場的研究相似，針對碳金融市場產品價格特徵的研究，就成為眾多學者的研究內容之一。實際上，研究碳金融市場的產品價格特徵，包括價格發現特徵、市場溢出效應等，以及如何對產品的定價，都有利於對碳金融市場的風險進行管理。對於新興市場而言，這些方面的研究都是具有很強的現實意義的。同時，碳金融市場的時變性和動態性特徵研究更是一個重要的研究方向。

　　在經濟金融全球化的過程中，資本市場之間存在複雜的非線性相關關係，而 Copula 函數則可以用來刻畫這種關係。在度量兩個或多個資本市場

之間的相依性結構時，採用二元 Copula 或多元 Copula 函數是比較適合的。準確度量資本市場之間的相依性，對於投資者進行市場風險管理、制定套期保值交易、產品定價等方面都具有很重要的作用，尤其是在金融危機發生的情況下。於是，本書第三章將採用 Copula 函數來研究國際碳排放交易市場的動態相依性結構，並通過計算 VaR 值來對研究該市場的風險。然而，在高維情形下，變量之間的相依性結構更加複雜，這就需要構建更適合的 Copula 分析框架。基於此，規則藤 Copula 函數應運而生。而在本書第四章，就通過構建合適的規則藤 Copula 函數方法，來捕捉碳排放權市場的結構相依特徵。

由於受到隨機離散事件的衝擊，資本市場的結構更加容易發生結構上的改變。目前，碳排放交易市場正處於第三階段上，且在不同的發展階段上很可能呈現出不同的結構特徵。通過綜述國內外相關研究文獻，發現鮮有文獻研究碳排放交易市場的結構轉換特徵。鑒於此，本書的第五章繼續採用三狀態的機制轉換模型來開展這一研究。可以說，結構改變是資本市場上的表象特徵，而深層次的特徵就是市場價格發生了跳躍行為。市場結構的改變，取決於跳躍行為的頻率與幅度。研究資本市場的離散跳躍行為，對於市場風險管理的精確度量和產品準確定價都具有很強的現實意義。因此，通過綜述國內外有關資本市場跳躍行為的研究文獻，發現採用自迴歸跳躍強度模型來研究碳排放交易市場的跳躍行為特徵是可行的。這部分工作，將展示在本書的第六章。

3 碳排放交易市場動態相依性分析及風險測度

3.1 引言

低碳經濟、綠色經濟的發展，促使碳排放交易市場得到非常迅速的發展，並使得該市場成為學術界探討的一個重要熱門話題。在《聯合國氣候變化框架公約》與《京都議定書》的合作框架下，締約國在二氧化碳氣體的排放權方面擁有很大市場價值的潛力。因此，無論是歐盟碳排放交易體系下碳排放交易市場的歐盟排放配額產品市場，還是二級市場的核證減排量產品市場，都得到了很大的發展，且已經成為國際貿易市場上非常重要的新興市場。這些市場的金融特徵日益明顯，並在相對較短的時間內融入國際資本市場體系之中。在當前世界經濟發展背景下，發展低碳經濟和綠色經濟是有效控制二氧化碳氣體排放的新思考。鑒於上述背景，清晰地認識碳排放交易市場所呈現的特徵，並為此展開相應問題的探討，是一項很有意義的工作。

近些年來，國外學術界針對碳排放交易市場開展了很多的研究，並獲得了大量的研究成果。根據相關的研究文獻，這些研究主要是針對碳排放交易市場一級市場的歐盟排放配額（EUA）的研究。Seifert等（2008）選取EU ETS（歐盟排放交易體系）作為研究對象，採用隨機均衡模型分析

了該交易體系的特徵以及二氧化碳排放權現貨市場價格的動態變化特徵。Miclăuş 等（2008）選擇 AR（1）-GARCH（1,1）模型對 EU ETS 機制下歐盟排放配額（EUA）期貨市場的日收益率時間序列數據進行擬合，發現價格的動態變化特徵存在於歐盟排放配額的期貨交易市場，且這一特徵可以由上述模型較好地刻畫。另外，針對歐盟碳排放配額（EUA）現貨市場的動態特徵，Benz 和 Trück（2009）選擇馬爾科夫機制轉換模型進行了實證分析，發現該模型能夠對歐盟碳排放交易市場場外市場的二氧化碳現貨價格進行模擬，且模擬效果較好。Isenegger 和 Wyss（2010）借鑑廣義自迴歸條件異方差模型，探討了在風險中性條件下歐盟排放配額的定價機制問題。通過引入跳躍-擴散模型，Daskalakis 等（2009）對具有隨機遊走特徵的碳排放交易市場現貨產品價格序列進行了實證分析，認為碳排放現貨產品的價格序列呈現出顯著的非連續突變現象，但這一現象不十分穩定，同時碳排放現貨產品的收益率序列也呈現尖峰厚尾的特徵，並不服從高斯分佈。Gronwald 等（2010，2011）基於 Copula 函數，針對碳排放交易市場上歐盟排放配額的期貨市場與其他商品市場與金融市場之間的相依結構展開了實證研究，發現歐盟排放配額的期貨市場與天然氣和原油等商品市場之間存在較弱的相依關係，與能源市場之間也呈現出一定程度上的相依關係，且這種相依關係會在危機期間表現出增強的態勢。Nazifi（2013）也針對歐盟排放配額（EUA）與核證減排量（CER）價格之間的價差進行了實證研究，發現長期的時變相關性並不呈現在這兩個市場之間，且也沒有發現具有趨同現象的證據。

　　針對碳減排機制與碳排放交易市場的研究，國內很多學者也做了大量有價值的研究工作。在低碳經濟發展的背景下，許廣永（2010）探討了中國在對碳排放交易產品進行定價時所面臨的難題，認為主要有以下四個方面的影響因素，包括碳排放權的交易市場不健全，碳排放權的測量系統不準確，碳排放權的稅率制度不完善，碳排放權的分配方式不合理。黃明皓

等（2010）運用經濟計量模型對核證減排量期貨市場的價格發現功能進行了實證研究，並分析了該市場的套期保值功能，發現核證減排量期貨市場在短期內已經具有了較好的價格發現功能，而且在長期內核證減排量與歐盟排放配額市場之間具有較為穩定的動態關係。洪涓和陳靜（2010）通過選擇合適的向量自迴歸模型來研究歐盟排放配額和核證減排量市場，也得到了類似的研究結論。張躍軍和魏一鳴（2011）選取 EU ETS 碳排放交易市場期貨市場作為研究對象，通過對市場價格序列的日交易數據進行實證分析，發現均值迴歸的現象存在於該市場的價格、市場的波動與市場風險等多個方面。吳恒煜等（2011）將核證減排量作為研究對象，通過信息準則選擇合適的 GARCH 模型來分析該產品的期貨和現貨價格特徵，並得到了 t-GARCH (1,1) 模型具有較好的刻畫能力的結論。汪文雋等（2011）選擇了歐洲氣候交易所的 EUA 期貨合約資產，運用 Copula 函數研究了國內 QDII 基金與排放權資產的聯合分佈，並基於此得到這兩種資產一種組合的收益率的分佈，最後研究在不同顯著水準下兩種資產的投資組合構建問題。劉維泉和張杰平（2012）運用經濟計量模型研究了歐盟排放配額期貨價格的特徵，發現價格序列存在一種長期的趨勢，且這種趨勢是可以預測的。陳曉紅和王陟昀（2012）以歐盟排放交易市場為例，從理論與應用兩個層面探討了碳排放交易價格的一些影響因素，包括市場供需與市場影響等方面。更多相關研究，如姜鴻等（2012），丁唯佳等（2012）等。

從國內外現有文獻看，針對碳排放交易市場的研究文獻比較多，且研究結果也表明了歐盟排放配額與核證減排量的市場價格之間存在一定程度的聯繫，這種聯繫不僅僅包括簡單的線性相關關係，還包括複雜的非線性相依關係。針對歐盟排放配額與核證減排量市場價格之間的相依關係，國外相關研究文獻比較多，尤其是動態相依結構的研究方面，而國內相對比較少。

鑒於上述分析，本章將借助於 Copula 函數，並結合 GARCH 模型來研

究國際碳排放交易市場之間所呈現的動態相依結構特徵。首先，利用 GARCH 模型對市場收益率序列進行過濾，並標準化得到的殘差序列；然後，根據一些信息準則選擇合適的動態 Copula 函數，並以此來捕捉不同市場之間的的動態相依結構；最後，通過採用蒙特卡羅模擬方法來模擬市場投資組合的在險價值，探討市場風險的規避問題。這項研究，為碳排放交易市場的風險管理以及碳金融衍生產品的投資組合策略的制定提供了一定的指導依據。

3.2 基本模型與方法

3.2.1 GARCH 模型

在金融市場上，條件異方差的特徵普遍存在於金融時間序列數據之中。因而，準確描述並刻畫這一特徵，並通過研究條件異方差的變動來分析金融時間序列的時變性和波動聚集現象，就成為實證研究中分析數據的一個關鍵。Engel（1982）提出了自迴歸條件異方差模型，即 ARCH 模型。ARCH 模型具有良好的統計特性和適用性，因而該模型在金融時間序列研究領域得到廣泛的應用。然而，ARCH 模型還是存在一些缺陷，諸如階數要比較大、難以準確刻畫非線性的情形等。

鑒於上述問題，Bollerslev（1986）建立了廣義自迴歸條件異方差模型，即 GARCH 模型，該模型是對自迴歸條件異方差模型的一種擴展。GARCH 模型既能夠較好地描述時間序列的邊緣分佈特徵，又能夠刻畫條件異方差特徵。與 ARCH 模型相比，GARCH 模型的滯後收斂更加快速。因而，在實際研究過程中，GARCH 模型更普遍地被採用。

由於金融時間序列的條件分佈呈現出時變波動的特性，且大多表現出尖峰厚尾的特徵，正態分佈假設下的 GARCH 模型無法較為準確地描述金

融時間序列條件邊緣分佈的特徵。因而，一些學者將 GARCH-normal 模型拓展為 t 分佈假設下的 GARCH-t 模型、GED 分佈假設下的 GARCH-GED 模型等，以刻畫金融時間序列尖峰厚尾的特徵。其中，GARCH-t 模型是最為常用的一種模型。對於更多的有關 GARCH 族模型的詳細介紹，可參見韋豔華（2008）。對於 GARCH（p, q）-t 模型，可以進行如下定義：

條件均值方程：

$$r_t = \mu_t + \varepsilon_t, \quad \varepsilon_t \mid I_{t-1} \sim N(0, h_t) \tag{3-1}$$

條件方差方程：

$$h_t = \omega + \sum_{i=1}^{q} \alpha_i \cdot \varepsilon_{t-i}^2 + \sum_{i=1}^{p} \beta_i \cdot h_{t-i}$$
$$= \omega + \alpha(L) \cdot \varepsilon_t^2 + \beta(L) \cdot h_t \tag{3-2}$$

$$\sqrt{\frac{\text{DoF}}{h_t(\text{DoF}-2)}} \cdot \varepsilon_t \sim iid\ t_{DoF} \tag{3-3}$$

式中，r_t 為金融資產的收益率序列；μ_t 為收益率 r_t 在已知信息集條件下的條件均值；ε_t 為均值是 0、條件方差是 h_t 的一個白噪聲過程；I_{t-1} 為已知的信息集；p 和 q 均為滯後階的階數，其滿足 $p \geq 0$, $q \geq 0$；ω 一個常數，且滿足 $\omega > 0$；α 和 β 均為參數，其滿足 $\alpha_i \geq 0(i = 1, 2, \cdots, q)$，$\beta_j \geq 0(j = 1, 2, \cdots, p)$；$\alpha(L)$ 和 $\beta(L)$ 均為滯後算子。

許多的實證結果顯示，相對比較簡單的 GARCH（1, 1）模型、GARCH（1, 2）模型、GARCH（2, 1）模型都容易擬合大多數金融時間序列的波動特徵。因而在實際應用中，學者們經常採用這三種模型。同時，GARCH-t 模型可以更好地捕捉到這一波動特徵以及尖峰厚尾的現象。因此，很多研究都採用了 t 分佈假設下的 GARCH-t 模型。

3.2.2 Copula 函數

Copula 函數又叫作連接函數，也就是連接多個隨機變量的邊緣分佈函數的累積分佈函數。Copula 函數，能夠用來描述隨機變量之間的非線性相

關關係，即相依性。正是由於資本市場之間存在複雜的非線性相關結構，Copula 技術較為廣泛地應用於捕捉資本市場之間的相依性結構。Copula 函數可從二元擴展到多元，為分析簡單，此處只簡要介紹二元 Copula 函數。根據 Sklar（1959），若 F_{XY} 是隨機變量 (x, y) 的聯合分佈函數，其邊緣分佈函數分別為 F_X 和 F_Y，則存在一個 Copula 函數 C，使 $F_{XY}(x, y) = C(F_X(x), F_Y(y))$ 成立。目前，Copula 函數存在很多種類型，而最常用的 Copula 函數是橢圓族 Copula 函數和阿基米德族 Copula 函數。更多有關 Copula 函數的介紹，可參見 Genest 和 Rivest（1993）。

在不同分佈的假設下，可以構建不同類型的 Copula 函數。例如，在正態分佈的假設下，可以構建正態 Copula 函數。然而，在市場上出現尾部相依性結構的情形下，正態 Copula 函數並不能夠捕捉到市場之間的這種相依性。因此，需要構建尾部相依性 Copula 函數，如 Gumbel copula 函數、Clayton copula 函數、Student's t-copula 函數等。假設變量 X 與變量 Y 均表示連續型的隨機變量，兩個隨機變量的邊緣分佈分別表述為 $F(\cdot)$ 和 $G(\cdot)$，於是，如果存在一個 Copula 函數 $C(\cdot, \cdot)$，左尾和右尾相依系數就可以表述為

$$\lambda^l = \lim_{u \to 0} \Pr[Y < G^{-1}(u) \mid X < F^{-1}(u)] = \lim_{u \to 0} C(u, u)/u \quad (3-4)$$

$$\lambda^r = \lim_{u \to 1} \Pr[Y > G^{-1}(u) \mid X > F^{-1}(u)]$$
$$= \lim_{u \to 1} \{2 - [C(u, u) + 1]/[1 - u]\} \quad (3-5)$$

式中，相依系數 λ^l 和 λ^r 均屬於 $(0, 1)$；隨機變量 u 為服從於 $[0, 1]$ 的均勻分佈。

為了更好地捕捉動態相依與時變波動特徵，需要構建並選擇不同類型的動態 Copula 模型。而在實證研究過程中，可選擇不同的動態 Copula 模型。為更加準確地刻畫不同資本市場之間存在的動態相依性特徵，往往運用信息準則來對動態 Copula 函數進行合理的選擇。其中，Student's t-copula 函數的表達式為

$$C(u_1, \cdots, u_n: R, v) = T_{R, v}(T_v^{-1}(u_1), \cdots, T_v^{-1}(u_n)) \quad (3\text{-}6)$$

$$T_{R, v}(y_1, \cdots, y_n) = \int_{-\infty}^{y_1} \cdots \int_{-\infty}^{y_n} \frac{\Gamma\left(\frac{v+n}{2}\right) |R|^{-1/2}}{\Gamma\left(\frac{v}{2}\right)(v\pi)^{n/2}}$$

$$\times \left(1 + \frac{1}{v} x^T R^{-1} x\right)^{-(v+n)/2} dx_1 \cdots dx_n \quad (3\text{-}7)$$

式中，$T_{R, v}$ 為標準多元學生 t 分佈，R 為相關係數的矩陣，自由度參數 v 滿足 $v \geqslant 1$。

而 Patton（2006）提出的條件學生 t-copula 時變參數模型表達式為：

$$\rho_t = \tilde{\Lambda}\left[\omega_T + \beta_T \rho_{t-1} + \alpha_T \frac{1}{10}\sum_{j=1}^{10} T^{-1}(\mu_{t-j}; v) T^{-1}(v_{t-j}; v)\right] \quad (3\text{-}8)$$

在極端條件下，可以採用左尾部和右尾部相依系數來刻畫隨機變量在尾部的分佈特徵。SJC 函數能夠刻畫非對稱情形下尾部相依程度。根據 Patton（2006），SJC 函數的表達式如下：

$$C_{\text{SJC}}(u, v | \tau^U, \tau^L) = 0.5 \cdot [C_{\text{JC}}(\mu, \nu | \tau^U, \tau^L) + C_{\text{JC}}(1 - \mu, 1 - \nu | \tau^L, \tau^U)$$
$$+ \mu + \nu - 1)] \quad (3\text{-}9)$$

當隨機變量的尾部呈現完全對稱的特徵時，$\tau^U = \tau^L$。

對於 SJC 函數的動態參數 τ_t^U 和 τ_t^L，其形式可以表述為

$$\tau_t^U = \Lambda\left(\omega_U + \beta_U \tau_{t-1}^U + \alpha_U \cdot \frac{1}{10}\sum_{i=1}^{10} |u_{t-j} - v_{t-j}|\right) \quad (3\text{-}10)$$

$$\tau_t^L = \Lambda\left(\omega_L + \beta_L \tau_{t-1}^L + \alpha_L \cdot \frac{1}{10}\sum_{i=1}^{10} |u_{t-j} - v_{t-j}|\right) \quad (3\text{-}11)$$

式中，$\Lambda(x) = (1 + e^{-x})^{-1}$ 為一種轉換函數。

針對 Copula 模型的參數估計，考慮到參數與變量的數目均比較多，本章主要採用的方法步驟如下。

第一步：

$$\hat{\varphi} = \underset{\varphi \in R^p}{\mathrm{argmax}} \sum_{t=1}^{n} \ln f_t(x_t;\ \varphi) \qquad (3-12)$$

$$\hat{\gamma} = \underset{\varphi \in R^q}{\mathrm{argmax}} \sum_{t=1}^{n} \ln g_t(y_t;\ \gamma)$$

第二步：

$$\hat{\kappa} = \underset{\kappa \in R}{\mathrm{argmax}} \sum_{t=1}^{n} \ln c_t(f_t(x_t;\ \hat{\varphi}),\ g_t(y_t,\ \hat{\gamma});\ \kappa) \qquad (3-13)$$

3.2.3 動態條件相關模型

Bollerslev（1990）提出了常數條件相關模型，該模型能夠較為簡便地估計條件方差陣。由於常數條件相關結構中的待估參數較少等優點，該結構在研究不同資本市場之間的波動溢出效應、資產的套期保值策略、資產定價等領域得到了普遍的運用。然而，常數條件相關模型假設不同隨機變量之間的條件相關係數為一個固定不變的常數。這一假定，與真實資本市場之間變化的相關關係相違背，因而存在很大的現實局限性。為了克服這一局限性，Engle（2002）基於常數條件相關模型，構建了動態條件相關模型，即DCC模型。在模型的參數估計方面，DCC模型更加容易，且參數估計結果更為準確。DCC模型的結構可以定義如下：

$$r_t \mid \xi_{t-1} \sim N(0,\ H_t) \qquad (3-14)$$

$$H_t = D_t R_t D_t \qquad (3-15)$$

$$D_t^2 = \mathrm{diag}\{\vartheta\} + \mathrm{diag}\{\kappa\} \circ r_{t-1} r'_{t-1} + diag\{\lambda\} \circ D_{t-1}^2 \qquad (3-16)$$

$$\varepsilon_t = D_t^{-1} r_t \qquad (3-17)$$

$$Q_t = [1 - \varphi - \varphi]\overline{Q} + \varphi \varepsilon_{t-m} \varepsilon'_{t-m} + \varphi Q_{t-n},\ \varphi = \sum_{m=1}^{M} \alpha_m,\ \varphi = \sum_{n=1}^{N} \beta_n$$

$$(3-18)$$

$$\overline{Q} = T^{-1} \sum_{i=1}^{T} \varepsilon_t \varepsilon'_t \qquad (3-19)$$

$$R_t = \{Q_t^*\}^{-1} Q_t \{Q_t^*\}^{-1} \qquad (3-20)$$

$$\rho_{ij,t} = q_{ij,t} / \sqrt{q_{ii,t} q_{ij,t}} \qquad (3-21)$$

式中，ϑ，κ，λ 均為參數的對角矩陣，對角線上面的元素分別表示單變量 GARCH (1, 1) 的截距項，ARCH (1) 項與 GARCH (1) 項；。為 Hamadard 乘積；R_t 為動態條件相依系數矩陣；Q_t 為動態條件協方差矩陣，且其元素為 $q_{ii,t}$、$q_{ij,t}$ 和 $q_{jj,t}$；參數 φ 主要用來反應滯後期標準化殘差的乘積對動態條件相關係數所產生的影響，而參數 φ 則主要反應動態條件相關性的持續性特徵；$Q*$ 為對角元素為 $\sqrt{q_{ii,t}}$ 的對角矩陣；$\bar{Q}$ 為無條件協方差矩陣；$\rho_{ij,t}$ 為交互項無條件相依系數。

針對 DCC 模型的參數估計，主要分為三個步驟：第一步，一元 GARCH 模型的參數估計，即對收益率序列的一元 GARCH 模型的參數進行估計；第二步，將殘差序列進行標準化處理；第三步，多元 GARCH 模型的參數估計，即根據標準化的殘差序列估計多出元 GARCH 模型的相依結構參數。

3.2.4 投資組合 VaR 計算

如果選取相同單位的多個資產組成一個投資組合，假定在任意時刻 t 上持有的每一種資產數量都是 1 單位，並且這些資產的價格可以表示為 $P_{n,t}$，那麼針對這個投資組合的投資總額就為 $P = \sum_{n=1}^{N} P_{n,t}$，而任一資產在投資組合中的權重表示為 $\delta_{n,t} = P_{n,t}/P$，其中 N 表示為投資組合中資產種類的數目。

假設資產收益率的表達式為

$$R_{n,t} = 100 \cdot (\ln P_{n,t} - \ln P_{n,t-1}) \qquad (3-22)$$

於是，時刻 $t+1$ 上第 n 個資產的價格表述為

$$P_{n,t+1} = P_{n,t} \exp(0.01 R_{n,t+1}) \qquad (3-23)$$

那麼，第 n 個資產在 $(t, t+1]$ 期內的損失率表達式為

$$\bar{L}_{n,t+1} = \frac{P_{n,t} - P_{n,t+1}}{P_{n,t}} = \frac{P_{n,t} - P_{n,t}\exp(0.01R_{n,t+1})}{P_{n,t}} = 1 - \exp(0.01R_{n,t+1})$$
(3-24)

同時，在 $(t, t+1]$ 期內投資組合的損失率可以表述為

$$\bar{L}_{t+1} = \sum_{n=1}^{N} \delta_{n,t}\bar{L}_{n,t+1} = \sum_{n=1}^{N} \delta_{n,t}(1 - \exp(0.01R_{n,t+1})) \quad (3\text{-}25)$$

此外，如果投資者將全部資金對第 n 個資產進行投資，那麼在 $(t, t+1]$ 期內第 n 個資產的損失率就為

$$L_{n,t+1} = P\bar{L}_{n,t+1} = P(1 - \exp(0.01R_{n,t+1})) \quad (3\text{-}26)$$

同理，在 $(t, t+1]$ 期內投資組合的損失率的表達式為

$$L_{t+1} = P\bar{L}_{t+1} = \sum_{n=1}^{N} P_{n,t}(1 - \exp(0.01R_{n,t+1})) \quad (3\text{-}27)$$

對於置信度為 $1 - \alpha$ 時，該投資組合的在險價值（VaR）就滿足以下關係，即

$$P[L_{t+1} \geqslant \text{VaR}_{t+1}^{\alpha}] = \alpha \quad (3\text{-}28)$$

式中，$\text{VaR}_{t+1}^{\alpha}$ 為置信度為 $1 - \alpha$ 時投資組合在 $(t, t+1]$ 期內的 VaR 值。

根據 Rosenberg 和 Schuermann（2006）的研究，如果是採用 Copula 函數來計算的 VaR 值，這個值將會更加地接近於經驗 VaR 值。假設投資者將全部資金投資在含有 N 個資產的資產組合上，且將第 n 個資產的損失表述為一個隨機變量 $L_n(n = 1, 2, \cdots, N)$，其邊緣分佈表述為 $F_n(\cdot)$。於是，根據式（3-29）可以計算投資組合在一定置信度下的 VaR 值：

$$P[\delta_1 L_1 + \delta_2 L_2 + \cdots + \delta_n L_n > \gamma] = \int_{\delta_1 L_1 + \delta_2 L_2 + \cdots + \delta_n L_n > \gamma} \mathrm{d}C(F_1(L_1), F_2(L_2),$$
$$\cdots, F_n(L_n)) \quad (3\text{-}29)$$

式中，各個資產的權重滿足 $\delta_1 + \delta_2 + \cdots + \delta_n = 1$；$\gamma$ 為閾值，且與置信度 $1 - \alpha$ 之間存在一一對應的關係。因此，存在 $P[\delta_1 L_1 + \delta_2 L_2 + \cdots + \delta_n L_n \leqslant \text{VaR}_\alpha] = 1 - \alpha$，其中 VaR_α 為投資組合在置信度 $1 - \alpha$ 下的 VaR 值。

3.3 數據來源與實證研究

3.3.1 數據說明

就數據來源而言，本節選取歐盟碳排放交易市場的核證減排量（CER）和歐盟排放配額（EUA）的現貨市場與期貨市場作為研究對象，採用了各個市場上交易價格的日數據。考慮到當時研究期間難以獲得較多的核證減排量交易市場數據，本節採用了 2009 年 3 月 13 日—2010 年 8 月 4 日的核證減排量和歐盟排放配額市場的日交易價格數據①，包括兩個市場的現貨價格數據（記為 Spot EUA 和 Spot CER）、到期日為 2010 年 12 月的期貨價格數據（記為 Dec10 EUA 和 Dec10 CER）、到期日為 2011 年 12 月的期貨價格數據（記為 Dec11 EUA 和 Dec11 CER）和到期日為 2012 年 12 月的期貨價格數據（記為 Dec12 EUA 和 Dec12 CER），總的樣本觀察量有 355 組。由於 2009 年 12 月 15—31 日 Dec09 CER 期貨市場的日交易價格數據缺失，此處只採用具有對應交易價格的數據，因而樣本觀察量就為 344 組。圖 3-1 為 EUA 和 CER 現貨市場與期貨市場的日交易價格序列圖。此外，為進一步研究 EUA 和 CER 現貨市場與期貨市場之間的相依關係，本節研究市場日收益率的特徵，其日收益率根據 $R_t = \ln P_t - \ln P_{t-1}$ 式計算獲得，這並不會影響研究的基本結果。原始數據來源於歐洲能源交易所。

---

① 由於這部分主要工作始於 2011 年，且考慮到當時數據收集困難等因素，僅採用了 2009 年 3 月 13 日—2010 年 8 月 4 日的數據。在未來研究中，可以考慮採用更多的數據進行相關問題的探討，尤其是針對歐盟排放機制在三個階段上不同的相依結構特徵研究。

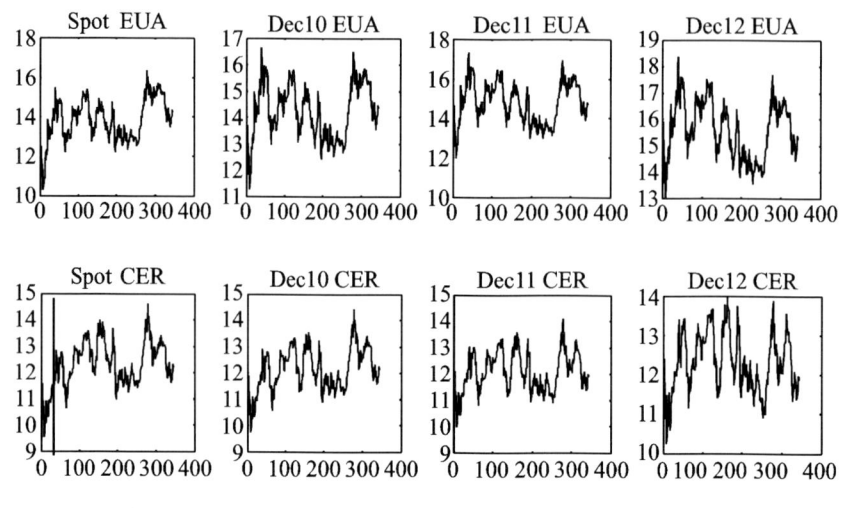

圖 3-1　EUA 和 CER 現貨市場與期貨市場的日價格序列圖

3.3.2　實證分析

　　表 3-1 顯示了各個市場日對數收益率的描述性統計結果。從均值的結果上看，無論是歐盟排放配額市場還是核證減排量市場，它們的日對數收益率都是正的，其中兩種產品市場的現貨市場都表現出比較大的均值，分別為 0.048,7 和 0.024,4。從標準差的結果上看，歐盟排放配額和核證減排量各市場都呈現出不同程度的波動特徵，波動最大的是歐盟排放配額現貨市場，其值為 2.302,5。從偏度的結果上看，歐盟排放配額和核證減排量各市場經調整的日對數收益率均呈現出負偏的特徵，這表明了尾部的不對稱性。從整體上看，核證減排量各市場出現負偏的程度大於歐盟排放配額市場，而核證減排量現貨市場的負偏值最大，為 -0.690,8。從峰度的結果上看，歐盟排放配額和核證減排量各市場經調整的日對數收益率都呈現出尖峰的特徵。其中，核證減排量各市場的峰值在整體上較大，峰度的最大值仍然出現在核證減排量的現貨市場。

圖 3-2 和圖 3-3，分別顯示了兩種交易產品現貨市場與期貨市場的日對數收益率序列圖和 QQ 圖。從圖 3-2 可以看出，各市場經調整的日對數收益率序列都呈現出明顯的波動聚集的特徵。而根據圖 3-3 的收益率序列分位數圖可以發現，各收益率序列均具有非正態的特徵。這一結果，為本章採用 GARCH（1,1）-t 模型對收益率序列進行過濾提供了可行性依據。

表 3-1　　　　　　　　市場日對數收益率描述性統計

	歐盟排放配額				核證減排量			
	Spot	Dec10	Dec11	Dec12	Spot	Dec10	Dec11	Dec12
均值	0.048,7	0.028,6	0.015,5	0.003,5	0.024,4	0.019,9	0.009,2	0.000,7
標準差	2.302,5	2.294,7	2.255,8	2.211,7	2.118,9	2.145,1	2.162,8	2.129,4
偏度	−0.435,6	−0.404,7	−0.411,4	−0.379,4	−0.690,8	−0.606,9	−0.627,1	−0.458,4
峰度	4.345,0	4.160,7	4.153,4	3.939,8	5.608,4	4.768,5	4.859,6	4.165,7
P值	0.000,0	0.000,0	0.000,0	0.000,0	0.000,0	0.000,0	0.000,0	0.000,0

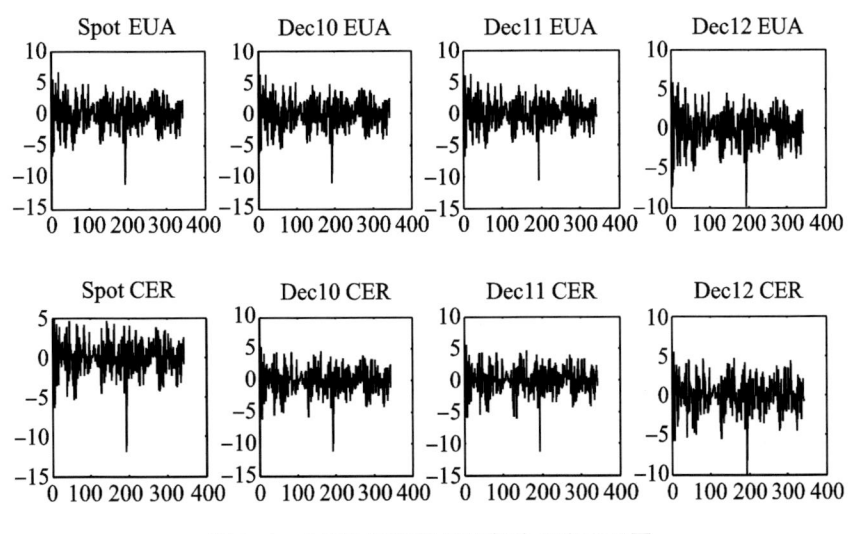

圖 3-2　市場經調整的日對數收益率序列圖

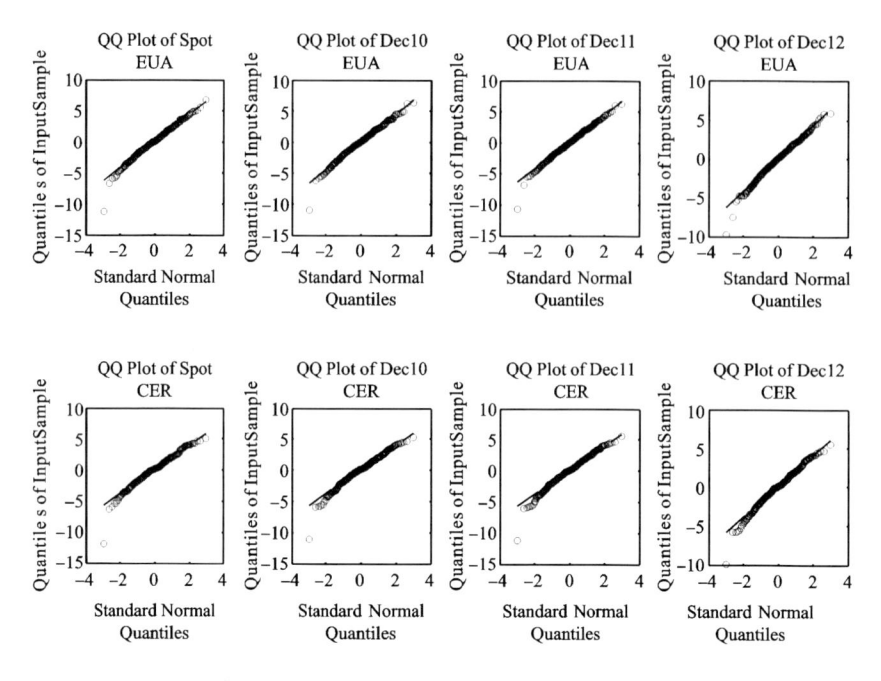

圖 3-3　市場經調整的日對數收益率 QQ 圖

3.3.2.1　邊緣模型參數估計

很多實證研究都表明，大多數金融時間序列的波動性特徵都能夠被較為簡潔的 GARCH（1，1）過程、GARCH（1，2）過程、GARCH（2，1）過程捕捉到，且 GARCH（1，1）-t 模型對波動特徵以及尖峰厚尾的現象具有較好的擬合效果。參考吳恒煜等（2011）的研究結果，本節直接選取 GARCH（1，1）-t 模型來擬合各市場的日對數收益率序列的特徵。表 3-2 顯示了 GARCH（1，1）-t 模型的參數估計結果。

表 3-2　　　　　　　GARCH（1，1）-t 模型估計結果

	歐盟排放配額				核證減排量			
	Spot	Dec10	Dec11	Dec12	Spot	Dec10	Dec11	Dec12
μ_t	0.065,7	0.041,6	0.031,1	0.017,4	0.123,3	0.111,0	0.091,8	0.063,0
	(0.116,4)	(0.116,4)	(0.114,7)	(0.111,8)	(0.102,5)	(0.106,3)	(0.106,7)	(0.108,3)
ω	0.322,5	0.320,7	0.304,7	0.286,2	0.439,9	0.481,4	0.464,1	0.525,2
	(0.256,4)	(0.257,4)	(0.242,2)	(0.211,8)	(0.300,0)	(0.319,2)	(0.320,3)	(0.368,2)

表3-2(續)

	歐盟排放配額				核證減排量			
	Spot	Dec10	Dec11	Dec12	Spot	Dec10	Dec11	Dec12
GARCH(1)	0.834,4	0.829,8	0.831,8	0.826,3	0.744,5	0.739,5	0.757,2	0.743,1
	(0.084,6)	(0.087,6)	(0.086,3)	(0.080,8)	(0.106,3)	(0.106,1)	(0.103,5)	(0.116,0)
ARCH(1)	0.102,6	0.107,2	0.106,1	0.113,1	0.162,1	0.160,3	0.147,8	0.143,5
	(0.054,4)	(0.055,8)	(0.055,3)	(0.055,4)	(0.070,6)	(0.067,2)	(0.066,3)	(0.066,1)
DoF	12.105	15.206	15.155	16.013	8.390,5	8.674,7	7.845,5	9.612,2
	(4.651,4)	(6.788,5)	(6.746,9)	(8.325,5)	(2.664,2)	(2.862,4)	(2.629,6)	(4.010,7)
LLF	−758.22	−757.03	−750.93	−742.65	−724.20	−731.16	−734.63	−732.68

註：括號中是對應的標準差；LLF 為對數似然函數值。

圖 3-4 顯示了基於 GARCH（1，1）-t 模型而獲得的各殘差序列的分佈同 t 分佈的分位數圖。根據分位數圖的顯示結果，容易觀測出 GARCH（1，1）-t 模型在擬合方面表現出較好的結果。

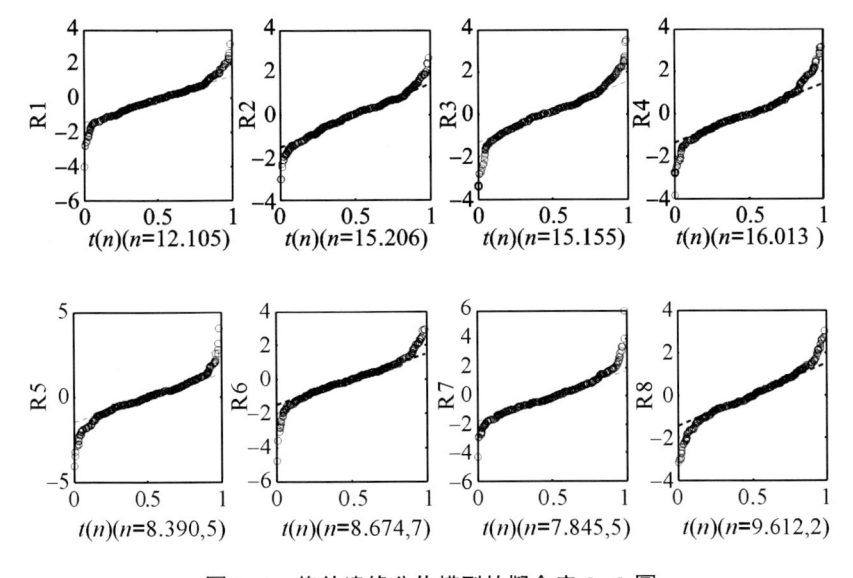

图 3-4　條件邊緣分佈模型的擬合度 Q-Q 圖

註：R1, R2, R3, R4, R5, R6, R7, R8 分別表示 Spot EUA, Dec10 EUA, Dec11 EUA, Dec12 EUA, Spot CER, Dec10 CER, Dec11 CER, Dec12 CER 市場；下同。

表 3-2 的結果顯示，GARCH（1）項的系數均比較大，這說明波動集聚的特徵存在於各序列，而且尖峰厚尾特徵也比較突出，參見圖 3-5。根據表 3-2 還可發現，GARCH（1）與 ARCH（1）兩項系數的值之和比較接近於 1，表明採用的 GARCH（1, 1）-t 模型表現出比較穩定的特性，適合用來擬合數據的特徵。實證分析還顯示，自由度都有所降低，說明核證減排量各市場的尾部風險表現出逐漸增加的態勢。

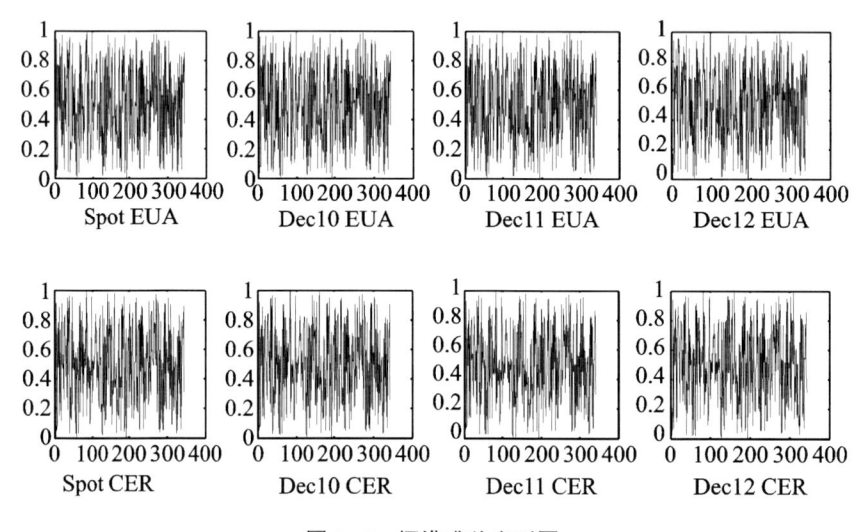

圖 3-5　標準殘差序列圖

3.3.2.2　動態 Copula 模型選取

本節主要採用學生 t 分佈的 DCC 模型、學生 t 分佈的 TVC 模型、高斯分佈的 DCC、高斯分佈的 TVC 以及 SJC-Patton 模型五種動態 Copula 模型對標準化的殘差序列進行建模，並採用總體擬合的方法來選取合適的 Copula 函數。其中，最優模型的參數估計結果，如表 3-3 至表 3-4 所示。①

---

①　高斯分佈的 DCC Copula 模型、高斯分佈的 TVC Copula 模型以及 SJC-Patton 模型的參數估計結果，請參見附錄 1 中表 1 至表 5。

表 3-3　　　　學生 t 分佈的 DCC 模型參數估計結果（1）

變量	R1/R2	R1/R3	R1/R4	R1/R5	R5/R6	R5/R7	R5/R8
φ	0.133,7	0.053,7	0.076,9	0.118,7	0.086,8	0.212,7	0.156,0
φ	0.862,9	0.946,2	0.922,8	0.847,3	0.906,9	0.716,7	0.681,8
$1-\varphi-\varphi$	0.003,4	0.000,1	0.000,3	0.034,0	0.006,3	0.070,6	0.162,2
LLF	879.48	815.22	725.69	373.00	661.37	564.19	511.26
AIC	−1,749.0	−1,620.4	−1,441.4	−736.01	−1,312.7	−1,118.4	−1,012.5
BIC	−1,729.8	−1,601.2	−1,422.2	−716.82	−1,293.5	−1,099.2	−993.33

註：LLF 是對應的對數似然值；AIC 和 BIC 分別是各市場之間不同模型得到的最小信息準則，用以比較選擇模型的優劣。R1, R2, R3, R4, R5, R6, R7, R8 分別表示 Spot EUA, Dec10 EUA, Dec11 EUA, Dec12 EUA, Spot CER, Dec10 CER, Dec11 CER, Dec12 CER 市場；下同。

表 3-4　　　　學生 t 分佈的 DCC 模型參數估計結果（2）

變量	R2/R6	R2/R7	R2/R8	R3/R6	R3/R7	R3/R8	R4/R6	R4/R7	R4/R8
φ	0.136,9	0.140,9	0.155,4	0.119,7	0.130,4	0.144,9	0.117,5	0.133,1	0.145,2
φ	0.834,5	0.822,1	0.817,0	0.856,0	0.836,4	0.829,2	0.860,4	0.835,5	0.828,0
$1-\varphi-\varphi$	0.028,6	0.037,0	0.027,6	0.024,3	0.033,2	0.025,9	0.022,1	0.031,4	0.026,8
LLF	379.61	358.90	351.95	373.92	350.21	345.58	365.84	343.91	339.57
AIC	−749.21	−707.81	−693.91	−737.83	−690.41	−681.15	−721.68	−677.82	−669.14
BIC	−730.02	−688.62	−674.72	−718.64	−671.23	−661.97	−702.49	−658.63	−649.95

根據 AIC 和 BIC 值可以看出，與其他動態 Copula 模型相比較，學生 t 分佈的 DCC Copula 模型在捕捉歐盟排放配額市場與核證減排量市場的相依性方面，表現最好。根據這一研究發現，這些市場之間呈現出尾部相依的特徵，且是對稱的。這也說明，市場在極端好事件和極端壞事件發生時，產生上尾風險和下尾風險的概率比較相當。

3.3.2.3　動態相依性分析

在動態條件相關模型中，交互項無條件相依系數 $\rho_{ij,t}$ 是一個具有很強現實意義的參數。如表 3-5 所示，顯示了無條件相依系數的參數估計結果。根據表 3-5 的結果可知，無條件相依系數的值都比較小，表明各市場

之間的正相依性並不是很大，其中歐盟排放配額的現貨市場與其期貨市場之間、核證減排量的現貨市場與其期貨市場之間所呈現的正相依性都相對比較大一些，而歐盟排放配額的現貨市場與核證減排量的現貨市場之間、歐盟排放配額的期貨市場與核證減排量的期貨市場之間所呈現的相依性都相對比較小。

表 3-5　　　　　　　無條件相依係數矩陣的估計結果

樣本	R1	R2	R3	R4	R5	R6	R7
R1	0.082,7	0.082,6	0.082,4	0.076,4	0.076,5	0.075,9	0.075,6
R2		0.082,9	0.082,8	0.076,0	0.076,4	0.075,6	0.075,4
R3			0.082,9	0.075,8	0.076,2	0.075,4	0.075,3
R4				0.075,6	0.076,1	0.075,4	0.075,2
R5					0.081,8	0.080,9	0.080,1
R6						0.082,3	0.081,8
R7							0.082,4

表 3-6 描述了多元學生 t 分佈的 DCC 動態 Copula 函數相依參數矩陣，其中自由度的參數估計值為 6.909,7。根據表 3-6 的結果顯示，歐盟排放配額與核證減排量各市場之間所呈現出的相依結構特徵都比較明顯，且相依程度都比較大，同時也表明外部相同信息能夠對歐盟排放配額與核證減排量的各個市場產生衝擊。表 3-6 的結果還顯示，歐盟排放配額與核證減排量的期貨市場之間也表現出明顯的相依特徵，且相依程度都比較大。從總體上看，歐盟排放配額與核證減排量的各個市場之間都表現出較大的相依關係，也即在市場發生極端事件的情形下，兩種市場之間發生聯動的概率較大，且在極端好事件與極端壞事件發生時的聯動概率相當。

表 3-6　多元學生 t 分佈的 DCC 動態 Copula 函數相依參數矩陣的估計結果

樣本	R1	R2	R3	R4	R5	R6	R7	R8
R1	1.000,0	0.995,8	0.994,3	0.991,5	0.919,2	0.921,1	0.913,0	0.909,8
R2	0.995,8	1.000,0	0.998,3	0.996,1	0.914,3	0.919,3	0.910,1	0.907,4
R3	0.994,3	0.998,3	1.000,0	0.998,0	0.911,7	0.917,6	0.908,0	0.905,9
R4	0.991,5	0.996,1	0.998,0	1.000,0	0.909,9	0.915,8	0.906,9	0.904,4
R5	0.919,2	0.914,3	0.911,7	0.909,9	1.000,0	0.984,6	0.973,1	0.964,4
R6	0.921,1	0.919,3	0.917,6	0.915,8	0.984,6	1.000,0	0.990,4	0.984,0
R7	0.913,0	0.910,1	0.908,0	0.906,9	0.973,1	0.990,4	1.000,0	0.992,0
R8	0.909,8	0.907,4	0.905,9	0.904,4	0.964,4	0.984,0	0.992,0	1.000,0

3.3.2.4　投資組合的 VaR 計算①

如圖 3-6 和圖 3-7 所示，分別顯示了 8 種資產與一種投資組合的損失序列的經驗分佈圖。其中，模擬次數為 1,000 次。根據圖 3-6、圖 3-7 和式（3-28），在置信度為 $1-\alpha$ 時，可以預測投資組合在 $(t, t+1]$ 期內的 VaR，同理也能夠預測單個資產的 VaR。表 3-7 描述了在置信度 99% 下單個資產與一種資產組合的 VaR。根據表 3-7 顯示，在投資總額一定的情況下，與對單個資產投資相比較，投資組合的風險都有所降低，VaR 下降了 0.023,0，表明市場風險降低了 7.961,2%。由此可見，儘管歐盟排放配額和核證減排量各市場之間的相依程度較大，但選擇合適的資產投資組合，仍然能夠降低一定的投資風險。

---

①　由於在資產組合中，各種資產在組合中的權重能夠影響 VaR，因而針對資產組合中各個資產的最優權重研究是極其重要的工作。然而，本章主要是探討歐盟碳排放交易市場之間的結構相依特徵，儘管也分析了該市場的風險測度問題，但不是本書研究的主要問題，因此，本節計算組合的 VaR 時，各種資產在組合中的權重，僅僅選擇了一種比較簡單的情形，即選取各個資產在最初時刻的價格占資產組合的總價格的比例。

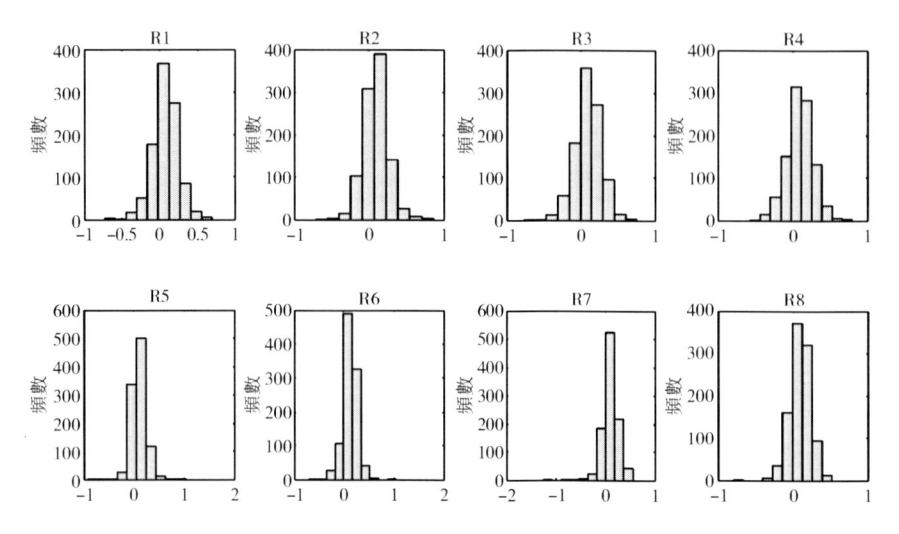

圖 3-6　模擬 1,000 次得到的 8 種資產損失序列的經驗分佈圖

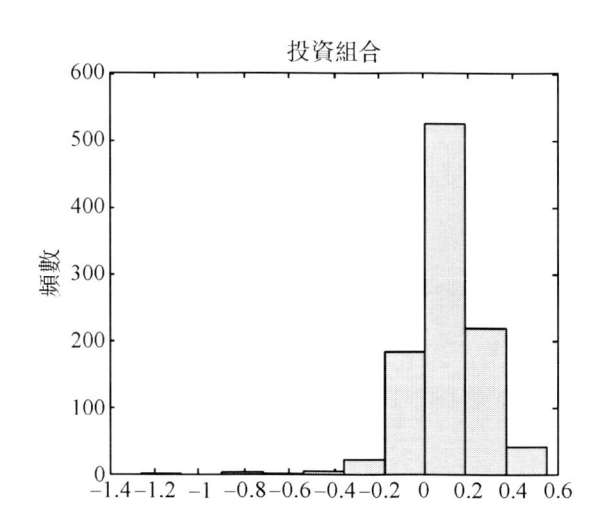

圖 3-7　模擬 1,000 次得到的投資組合損失序列的經驗分佈圖

表 3-7　　　　　　　　　　單個資產及其資產組合的 VaR

	資產	R1	R2	R3	R4	R5	R6	R7	R8	投資組合
99%	VaR	0.334,8	0.350,7	0.332,4	0.323,3	0.273,7	0.265,0	0.296,8	0.222,3	0.265,9
	均值	\multicolumn{8}{c}{0.288,9}	

註：VaR 的置信度為 99%。R1、R2、R3、R4、R5、R6、R7、R8 分別 8 種單個資產；投資組合包含以上 8 種資產的資產組合。

3.4　本章小結

　　碳排放權市場是一個主要的新興貿易市場，其發展歷史不長，但該市場的金融屬性日益明顯。作為全球資本市場的一部分，碳排放權市場現貨市場與期貨市場、碳排放權市場與其他資本市場之間都可能存在複雜的非線性的、時變的、動態的相依性結構。Copula 函數能夠較為準確地刻畫不同資本市場之間的相依性，這為研究碳排放權市場結構的非線性相關關係提供了理論基礎。

　　基於此，本章引入 Copula 理論來研究歐盟碳排放交易市場的相依性結構特徵。結合 GARCH 模型和 Copula 函數，本章選取 2009 年 3 月 13 日—2010 年 8 月 4 日歐盟排放交易市場核證減排量和歐盟排放配額的交易價格數據來進行實證研究。首先，採用 GARCH 模型對收益率序列進行擬合併過濾得到殘差序列，進而將殘差序列進行標準化，得到標準化的殘差序列。然後，採用學生 t 分佈的 DCC 模型、學生 t 分佈的 TVC 模型、高斯分佈的 DCC、高斯分佈的 TVC 以及 SJC-Patton 模型五種動態 Copula 模型對標準化的殘差序列進行建模，並採用總體擬合的方法來選取合適的 Copula 函數。研究表明：第一，與其他動態 Copula 模型相比較，學生 t 分佈的 DCC Copula 模型在捕捉歐盟排放配額與核證減排量市場的相依性方面，表現最好。第二，歐盟排放配額與核證減排量市場之間呈現出較大的尾部相依特徵，且是對稱的，而尚未發現非對稱的依據，也即在市場發生極端事件的情形下，兩種市場之間發生聯動的概率較大，且極端好事件與極端壞事件發生的概率相當。第三，歐盟排放配額各市場之間呈現出顯著的動態相依特徵，且歐盟排放配額和核證減排量期貨市場之間的動態尾部相依特徵也比較明顯。

經過10多年的發展，碳排放交易市場已經發展成為最重要的新興貿易市場之一。在發展綠色經濟、低碳經濟背景下，碳排放交易市場存在很大的潛在經濟利益，也存在很大的投資機遇。研究碳排放交易市場的市場風險問題，不僅可以為該市場的投資者制訂風險管理方案提供一定的參考意義，還為其構建資產組合提供一定的理論支撐，以期規避更多的市場風險，並達到資產的保值目標。於是，本章運用蒙特卡羅模擬方法來模擬市場的投資組合的在險價值。研究表明：在投資總額一定的情況下，與對單個資產投資相比較，投資組合的風險都有所降低。其中，根據文中的權重分配，投資組合的在險價值下降了 0.023,0，表明市場風險降低了 7.961,2%。可見，儘管歐盟排放配額和核證減排量市場之間的相依程度較大，但選擇合適的資產投資組合，仍然能夠降低一定的投資風險。

　　根據上述研究結果可知，歐盟碳排放交易市場不同產品市場上的產品所組成的投資組合，能夠降低市場的投資風險，儘管不同產品市場之間的相依性均比較大。現有一些研究已經表明，碳排放交易市場與其他資本市場之間也存在一定的相依性。可以預測，用碳排放交易產品與其他資本產品來構建資產組合，也能夠在一定程度上幫助投資者規避市場的投資風險。目前，中國碳排放交易市場的產品種類相對較少，但也可以嘗試考慮構建某種資產組合，以探討市場投資風險的規避潛力。當然，能夠在多大程度上規避風險，則需要進一步研究。

　　在實際的研究過程中，如果所選取的資本市場的數量相對較少，只需要採用一般的多元 Copula 函數就能夠較好地刻畫這些資本市場之間的相依性結構。然而，在高維情形下，一般的多元 Copula 函數並不能夠準確地刻畫這些資產之間複雜的相依性結構。基於此，Bedford 和 Cooke（2001，2002）提出了運用藤 Copula 分析框架來研究高維金融資產之間的相依結構特徵。在 2007—2009 年金融危機時期，研究多種金融資產風險管理的精確性需要更是不斷增加。因此，儘管本章選取不同的動態模型研究了國際碳

排放交易市場之間的相依性結構特徵，但該部分的研究沒有考慮到高維情形。在下一章節中，將引入藤 Copula 分析框架來研究高維情形下的相依性結構特徵。

4 碳排放交易市場結構相依特徵研究：基於規則藤方法

4.1 引言

在《聯合國氣候變化框架公約》和《京都議定書》的低碳經濟發展路線下，碳排放交易市場獲得了蓬勃的發展。目前，碳排放交易市場已經發展成為主要新興貿易市場之一。據預測，在未來 10 年內，國際碳排放交易市場有可能超過石油市場，成為全球最大的能源交易市場。隨著碳排放權市場的發展，其金融屬性也日益顯現，於是出現了很多碳金融產品及其衍生品。然而，這一新興市場仍然發展不完善，且經常出現較大的波動，這增加了市場不確定性風險，使得該市場的風險管理研究就顯得十分重要，尤其是在發展低碳經濟的背景下。因此，研究與該市場相關的問題，具有很強的實際意義。

作為國際資本市場之一，碳排放交易市場之間、該市場與其他資本市場之間都存在比較複雜的非線性相關關係，即相依性。為了研究碳排放交易市場的市場風險、投資組合策略問題，需要準確度量市場之間的相依性，從而進行市場的風險管理。傳統上描述不同變量之間的相關關係，主要採用 Pearson 相關係數法、Spearman 秩相關法、下測風險法和尾部相依法。儘管這幾種方法均在線性或非線性相關關係方面具有一定的刻畫能

力，但都存在一些局限性。與上述方法不同，Sklar（1959）提出的 Copula 定理，能夠有效地捕捉到變量之間非線性相依結構。後來，Embrechts（1999）和 Embrechts 等（1999）運用該理論對金融風險管理問題開展了一些應用性研究。目前，基於 Copula 函數而構建的相依性模型，已經成為金融市場波動溢出和風險傳染研究的一種重要方法。實證研究表明，金融時間序列之間的相依結構也呈現出時變性和動態性。因此，許多學者構建了動態 Copula 模型，如 Patton（2006a，2006b）、Dias 和 Embrechts（2010）、Christoffersen 等（2012）、Fei 等（2013）等。通過將描述相依關係的參數進行時變化、動態化處理，這些模型在很大程度上提高了相依性結構的度量精度。

一般情形下，傳統的多維 Copula 函數能夠較好地刻畫資本市場之間的相依性結構特徵。然而，在隨機變量眾多的情況下，這些多維 Copula 函數仍然難以準確地捕捉到多資產之間複雜的相依結構。如果忽略或者不能準確描述這一結構，在多種資產之間投資組合、資產定價等方面都會產生很大的誤差，從而對實踐操作不能進行有效的指導。為了解決這一問題，Bedford 和 Cooke（2001，2002）提出了基於藤分解結構的 Copula 方法，以研究高維金融資產之間的相依性結構，這對於準確研究多種金融資產之間的風險管理問題相當重要，尤其在 2007—2009 年金融危機期間。相關研究，可以參見 Aas 等（2009）。Horta 等（2010）同樣基於 Copula 來刻畫美國股票市場同其他股票市場之間所存在的相依特徵，並比較了 2007—2008 年金融危機發生前與發生期間相依程度的變化，進而探討危機是否發生傳染現象，研究發現了危機產生的傳染效應，且認為市場投資者也對此產生了一定的預期。Nikoloulopoulos 等（2012）運用藤 Copula 函數研究了金融收益率序列間可能呈現出的非對稱尾部相依結構特徵；Stöber 和 Czado（2014）運用藤 Copula 模型研究了高維金融市場上收益率序列之間的具有狀態轉換特徵的相依性結構。更多研究，可參見 Dißmann 等（2013）、

Allen 等（2013）、Low 等（2013）、Low 等（2013）、Weiß 和 Supper（2013）等。研究表明，構建的藤 Copula 結構比其他 Copula 結構更為靈活（Czado 和 Aas，2013），從而能更加容易地捕捉高維隨機變量之間複雜的相依結構，這為基於藤 Copula 模型的應用性研究的合理性提供了理論基礎。此外，Beare 和 Seo（2014）構建了一種新的規則藤結構，即針對平穩的多維高階 Markov 鏈建立半參數模型，這種結構被稱為 M-藤。這一結構，由於考慮到變量存在的狀態轉換特徵，在應用研究中也具有很強的實用性。

根據現有的規則藤文獻，大多數研究都是基於兩種最簡單的藤分解結構，即 C 藤和 D 藤，且新息大多假設服從正態分佈或者學生 t 分佈，如 Kurowicka 和 Cooke（2006）。然而，Aas 等（2009）將分佈函數擴展到其他類型，並採用不同的二元 Copula 函數來研究相依性，如 Gumbel copula 和 Clayton copula 等。在實際應用研究中，D 藤結構的 Copula 模型得到更加廣泛的運用，如 Min 和 Czado（2012）、Nikouloulopoulos 等（2012）。

目前，採用基於更多 Copula 族模型的規則藤分析框架的應用研究相對較少，而將規則藤應用於國際碳排放交易市場的文獻更加少見。為此，本章通過構建規則藤 Copula 模型，來研究國際碳排放權市場的相依性結構問題。首先，在新息服從學生 t 分佈的假設下，運用 ARMA-GARCH 模型進行過濾，並採用極大似然估計方法來估計模型的參數。其次，將 Kendall's tau 秩相關係數作為權重，使用最大生成樹算法（maximum spanning tree algorithm）的序貫 Copula 選擇方法構建合適的規則藤 Copula 模型，採用極大似然估計方法估計規則藤 Copula 模型。最後，基於 Bootstrap 方法，分別選擇基於 White（1982）的信息矩陣等式擬合優度檢驗和基於概率積分轉換（probability integral transform，PIT）與經驗 Copula 過程（empirical copula process，ECP）混合方法的擬合優度檢驗（稱為 ECP2 檢驗），且後者以 Cramer von Mises（CvM）檢驗統計量作為度量測度，來對模型進行擬合優

度的檢驗。

　　本章構建規則藤 Copula 模型，並應用於碳排放交易市場相依結構的實證研究，主要展開以下兩個方面工作：在理論研究方面，放寬新息服從某一種分佈的約束，構建了更具有適用性的規則藤 Copula 模型，以更好地捕捉高維資產之間複雜的相依結構，也為更好地構建 Levy vine Copula 分析框架奠定理論基礎，從而為投資組合選擇和套期保值策略提供一種量化指標的參考；在應用研究方面，首次構建規則藤 Copula 模型對碳排放交易市場的相依結構進行實證研究，這拓寬了模型的應用研究領域。

4.2　基本模型與方法

4.2.1　二元 Copula 函數

　　與 Sklar（1959）的 Copula 分析框架不同，規則藤 Copula 分析框架從第二棵「樹」開始，是描述的一種條件相依性。即使這樣，規則藤 Copula 模型在刻畫高維變量之間的相依性結構時，仍然是採用一般的二元 Copula 函數。鑒於此，本節將介紹幾種常見的二元 Copula 函數。

4.2.1.1　二元高斯 Copula 函數

　　二元高斯 Copula 函數常常被用來刻畫兩個隨機變量之間的相依關係。在一般的情況下，二元高斯分佈的 Copula 函數在擬合金融時間序列的數據特徵方面表現出較好的效果。二元高斯分佈的 Copula 函數，具有以下的分佈函數與密度函數形式：

$$C_{\text{Normal}}(u, v; \theta) = \int_{-\infty}^{\Phi^{-1}(u)} \int_{-\infty}^{\Phi^{-1}(v)} \frac{1}{2\pi\sqrt{1-\theta^2}} \exp\left\{ \frac{-(r^2 + s^2 - 2\theta \cdot rs)}{2(1-\theta^2)} \right\} drds$$

(4-1)

$$c_{\text{Normal}}(u,v;\theta) = \frac{1}{\sqrt{1-\theta^2}}\exp\left\{-\frac{\Phi^{-1}(u)^2 + \Phi^{-1}(v)^2 - 2\theta\cdot\Phi^{-1}(u)\Phi^{-1}(v)}{2(1-\theta^2)}\right\}$$

$$\cdot\exp\left\{-\frac{\Phi^{-1}(u)^2 + \Phi^{-1}(v)^2}{2}\right\} \quad (4-2)$$

其中，$\Phi^{-1}(\cdot)$ 為標準正態分佈函數的逆函數；$\theta \in (-1, 1)$ 為相依關係的參數，實際上是 $\Phi^{-1}(u)$ 與 $\Phi^{-1}(v)$ 之間的線性相關關係系數。

然而，二元高斯分佈的 Copula 函數的密度函數呈現出對稱的特徵，從而使得該函數不能捕捉資本市場之間的非對稱相依關係。此外，在二元高斯分佈的 Copula 函數分佈函數的尾部，兩個隨機變量之間的關係呈現出漸近獨立的特徵。於是，在極值發生的情況下，二元高斯分佈的 Copula 函數無法準確地度量金融市場資產投資組合的在險價值（VaR），這是由於金融市場之間的尾部相依程度在發生變化。因此，二元高斯分佈的 Copula 函數會低估市場風險。

4.2.1.2 Gumbel copula 函數

與二元高斯分佈的 Copula 函數不同，Gumbel copula 函數的密度函數呈現出非對稱的特徵，其密度分佈形態呈「J」字形，即下尾低上尾高的特點。正是基於此，Gumbel copula 函數容易識別隨機變量在分佈的上尾處的變化，因而能夠刻畫上尾部相依的變化，刻畫金融市場之間上尾部相依關係。Gumbel copula 函數，具有如下的分佈函數與密度函數形式：

$$C_{\text{Gumbel}}(u, v; \alpha) = \exp\{-[(-\log u)^{\frac{1}{\alpha}} + (-\log v)^{\frac{1}{\alpha}}]^{\alpha}\} \quad (4-3)$$

$$c_{\text{Gumbel}}(u, v; \alpha) =$$

$$\frac{C_{\text{Gumbel}}(u,v;\alpha)(\log u\cdot\log v)^{\frac{1}{\alpha}-1}}{uv\,[(-\log u)^{\frac{1}{\alpha}} + (-\log v)^{\frac{1}{\alpha}}]^{2-\alpha}}\left\{-[(-\log u)^{\frac{1}{\alpha}} + (-\log v)^{\frac{1}{\alpha}}]^{\alpha} + \frac{1}{\alpha} - 1\right\}$$

$$(4-4)$$

式中，$\alpha \in (0, 1]$ 為相依關係的參數。如果 $\alpha = 1$，即 $C_{\text{Gumbel}}(u, v; 1) = uv$，表明隨機變量 u 和 v 相互獨立；如果 $\alpha \to 1$，即 $\lim_{\alpha \to 1} C_{\text{Gumbel}}(u, v; \alpha) = \min(u, v)$，表明隨機變量 u 和 v 趨於完全相關。

對於 Gumbel copula 函數而言，其參數 α 同傳統的相關性與一致性測度存在一一對應的數量關係。例如，Gumbel copula 函數的參數 α 與 Kendall 秩相關係數 τ 存在以下關係：

$$\tau_{\text{Gumbel}} = 1 - \alpha \qquad (4-5)$$

另外，參數 α 與 Gumbel copula 函數的上尾部和下尾部相依關係系數也存在對應的關係，即

$$\lambda_{\text{Gumbel}}^{\text{upper}} = \lim_{u \to 1} \frac{\hat{C}_{\text{Gumbel}}(1-u, 1-u)}{1-u} = \lim_{u \to 1} \frac{1 - 2u + C_{\text{Gumbel}}(u, u)}{1-u}$$

$$= \lim_{u \to 1} \frac{1 - 2u + u^{2\alpha}}{1-u} = \lim_{u \to 1}(2 - 2^{\alpha} \cdot u^{2\alpha-1}) = 2 - 2^{\alpha} \qquad (4-6)$$

$$\lambda_{\text{Gumbel}}^{\text{lower}} = 0 \qquad (4-7)$$

由於 Gumbel copula 函數中兩個隨機變量在分佈的下尾處是相互獨立的，因而該函數對隨機變量在分佈的下尾處變化難以識別，無法捕捉到金融市場之間下尾部相依關係。根據 Gumbel copula 函數刻畫資本市場之間的上尾部相依關係的情形可知，該函數能夠很好地刻畫牛市市場之間日益增強的相依性。

4.2.1.3 Clayton copula 函數

與 Gumbel copula 函數相類似，Clayton copula 函數的密度函數也呈現非對稱的特徵，但不同的是，Clayton copula 函數的密度分佈形態呈「L」字形，即上尾低下尾高的特點。正是基於此，Clayton copula 函數容易識別隨機變量在分佈的下尾處的變化，因而能夠刻畫下尾部相依的變化，刻畫金融市場之間下尾部相依關係。Clayton copula 函數，具有如下的分佈函數與密度函數形式：

$$C_{\text{Clayton}}(u, v; \rho) = (u^{-\rho} + v^{-\rho} - 1)^{-1/\rho} \qquad (4-8)$$

$$c_{\text{Clayton}}(u, v; \rho) = (1 + \rho)(uv)^{-\rho-1}(u^{-\rho} + v^{-\rho} - 1)^{-2-1/\rho} \qquad (4-9)$$

式中，$\rho \in (0, \infty)$ 為相依關係的參數。如果 $\rho \to 0$，即 $\lim_{\rho \to 0} C_{\text{Clayton}}(u, v; \rho) = uv$，表明隨機變量 u 和 v 相互獨立；如果 $\rho \to \infty$，即

$$\lim_{\rho \to \infty} C_{\text{Clayton}}(u, v; \rho) = \min(u, v),$$ 表明隨機變量 u 和 v 趨於完全相關。

對於 Clayton copula 函數而言，其參數 ρ 同傳統的相關性與一致性測度具有一一對應的數量關係。例如，Clayton copula 函數的參數 ρ 與 Kendall 秩相關係數 τ 存在以下關係：

$$\tau_{\text{Clayton}} = \rho/(\rho + 2) \tag{4-10}$$

另外，參數 ρ 與 Clayton copula 函數的上尾部和下尾部相依關係系數也存在對應的關係，即

$$\lambda_{\text{Clayton}}^{\text{upper}} = 0 \tag{4-11}$$

$$\lambda_{\text{Clayton}}^{\text{lower}} = \lim_{u \to 0} \frac{C_{\text{Clayton}}(u, u)}{u} = \lim_{u \to 0} \frac{(u^{-\rho} + u^{-\rho} - 1)^{-1/\rho}}{u}$$

$$= \lim_{u \to 0} \frac{1}{u(2u^{-\rho} - 1)^{1/\rho}} = \lim_{u \to 0} \frac{1}{(2 - u^{-\rho})^{1/\rho}}$$

$$= 2^{-1/\rho} \tag{4-12}$$

由於 Clayton copula 函數中兩個隨機變量在分佈的上尾處是相互獨立的，因而該函數對隨機變量在分佈的上尾處變化難以識別，無法捕捉到金融市場之間上尾部相依關係。根據 Clayton copula 函數刻畫資本市場之間的下尾部相依關係的情形可知，該函數能夠很好地刻畫熊市市場之間日益增強的相依性。

4.2.1.4 Frank copula 函數

在描述隨機變量之間的相依關係方面，Gumbel copula 函數和 Clayton copula 函數都是刻畫變量之間的非負相依關係。與上述兩種 Copula 函數不同，Frank copula 函數還可以捕捉到兩個隨機變量之間的負相依關係。Frank copula 函數的密度分佈形態呈「U」字形，即上尾與下尾呈現對稱的特點。正是基於此，Frank copula 函數無法刻畫隨機變量之間的非對稱的相依關係。不過，如果隨機變量之間的相依性結構是對稱的，那麼就可以採用 Frank copula 函數來度量這種對稱相依性的程度。Frank copula 函數，具有如下的分佈函數與密度函數形式：

$$C_{\text{Frank}}(u,v;\lambda) = -\frac{1}{\lambda}\log\left[1 - \frac{(1-e^{-\lambda u})(1-e^{-\lambda v})}{1-e^{-\lambda}}\right] \quad (4-13)$$

$$c_{\text{Frank}}(u,v;\lambda) = \frac{\lambda(1-e^{-\lambda})e^{-\lambda(u+v)}}{[(1-e^{-\lambda}) - (1-e^{-\lambda u})(1-e^{-\lambda v})]^2} \quad (4-14)$$

式中，λ 為相依關係的參數，且 $\lambda \neq 0$。如果 $\lambda > 0$，表明隨機變量 u 和 v 之間呈現正相依關係；如果 $\lambda \to 0$，表明隨機變量 u 和 v 趨於相互獨立；如果 $\lambda < 0$，表明隨機變量 u 和 v 之間呈現負相依關係。

對於 Frank copula 函數而言，其參數 λ 同傳統的相關性與一致性測度具有一一對應的數量關係。例如，Frank copula 函數的參數 λ 與 Kendall 秩相關係數 τ 存在以下關係：

$$\tau_{\text{Frank}} = 1 + \frac{4}{\lambda}[D_1(\lambda) - 1] \quad (4-15)$$

式中，$D_k(x) \equiv \frac{k}{x^k}\int_0^x \frac{t^k}{e^t - 1}\mathrm{d}t$，$k = 1, 2$，該函數也被稱為「Debye」函數。

另外，參數 λ 與 Frank copula 函數的上尾部和下尾部相依關係系數也存在對應的關係，且

$$\lambda_{\text{Frank}}^{\text{upper}} = \lambda_{\text{Frank}}^{\text{lower}} = 0 \quad (4-16)$$

這表明，Frank copula 函數中隨機變量在分佈的上尾部和下尾部均是漸近相互獨立的，因而該函數對隨機變量在分佈的尾部處並不敏感，難以捕捉到上尾部相依和下尾部相依的變化，無法刻畫金融市場之間尾部相依關係。

4.2.2 藤 Copula 函數

在運用傳統的多維 Copula 函數刻畫相依結構時，一個前提假設就是假定自由度相同，這顯然與現實情況不相符合。為放寬這一假定，Aas 等（2009）提出了藤 Copula 函數，該函數可以用來描述高維變量之間比較複雜的相依關係。在刻畫高維變量之間的相依結構時，往往是運用 Copula 對的分解方式來進行度量。為更容易理解，本節此處選取三維變量，並進行

Copula 對分解。假定存在 $X = (X_1, X_2, X_3) \sim F$，且其邊緣密度函數也存在，於是聯合密度函數為

$$f(x_1, x_2, x_3) = f_1(x_1)f(x_2|x_1)f(x_3|x_1, x_2) \qquad (4-17)$$

根據 Sklar（1959），式（4-17）可以變形為

$$f(x_1, x_2, x_3) = c_{1,2}(F_1(x_1), F_2(x_2)) \cdot c_{1,3}(F_1(x_1), F_3(x_3)) \cdot$$
$$c_{2,3|1}(F_{2|1}(x_2|x_1), F_{3|1}(x_3|x_1))f_1(x_1)f_2(x_2)f_3(x_3)$$
$$(4-18)$$

而 Copula 密度函數可以表示為

$$c(x_1, x_2, x_3) = c_{1,2}(F_1(x_1), F_2(x_2)) \cdot c_{1,3}(F_1(x_1), F_3(x_3)) \cdot$$
$$c_{2,3|1}(F_{2|1}(x_2|x_1), F_{3|1}(x_3|x_1)) \qquad (4-19)$$

實際上，根據不同的邏輯結構，可以對 Copula 對函數進行分解。更多有關藤分解結構的介紹，可以參見 Bedford 和 Cooke（2001, 2002）。在藤分解結構中，C 藤分解結構和 D 藤分解結構是兩種主要的分解類型，且最為簡潔。其中，C 藤的每個「點」可以與兩個以上的「邊」相連，而 D 藤的「點」則只能與相鄰的兩個「邊」相連。為了便於理解，本節此處僅分別介紹 C 藤和 D 藤的四元分解結構圖，如圖 4-1 所示。

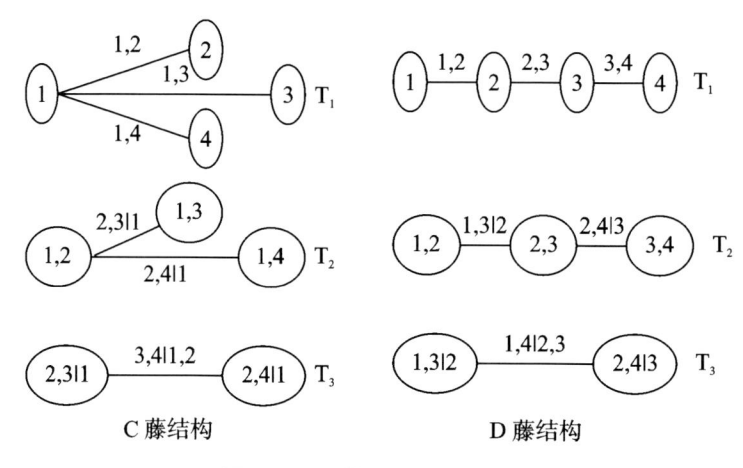

圖 4-1　C 藤與 D 藤分解結構

在不同藤分解結構下，密度函數存在不同的形式。對於 d 維藤 Copula 函數而言，在 C 藤分解結構下，密度函數形式為

$$c(F_1(x_1), \cdots, F_d(x_d)) =$$

$$\prod_{i=1}^{d-1} \prod_{j=1}^{d-i} c_{i,\, i+j \mid 1,\, \cdots,\, i-1}(F(x_i \mid x_1, \cdots, x_{i-1}), F(x_{i+j} \mid x_1, \cdots, x_{i-1})) \quad (4-20)$$

在 D 藤分解結構下，密度函數形式為

$$c(F_1(x_1), \cdots, F_d(x_d)) =$$

$$\prod_{i=1}^{d-1} \prod_{j=1}^{d-i} c_{j,\, j+i \mid j+1,\, \cdots,\, j+i-1}(F(x_j \mid x_{j+1}, \cdots, x_{j+i-1}), F(x_{j+i} \mid x_{j+1}, \cdots, x_{j+i-1}))$$

$$(4-21)$$

4.2.3 規則藤結構

規則藤結構，是 Bedford 和 Cooke（2001，2002）提出的一種用來構建多維變量分佈之間相依性結構的圖形結構。規則藤結構由一系列的「樹」狀結構組成，而「樹」的「邊」則被設定為能夠描述二元條件分佈的 Copula 函數，且這些 Copula 函數根據規則藤結構來確定。記 d 維規則藤為 V，其結構由 $d-1$ 棵「樹」組成，依次記為 $T_1, T_2, \cdots, T_{d-1}$，而節點和邊分別記為 N_i 和 $E_i (1 \leq i \leq d-1)$。根據 Bedford 和 Cooke（2001），該規則藤結構必須滿足：

（1）樹 T_1 的節點和邊分別為 $N_i = \{1, 2, \cdots, d\}$ 和 E_1；

（2）對於 $i \geq 2$，樹 T_i 的節點和邊分別為 $N_i = E_{i-1}$ 和 E_i；

（3）如果樹 T_{i+1} 的兩個節點由一個邊連接，那麼在樹 T_i 上對應的兩個邊共享一個節點（即近鄰條件）。

由於本章選擇了五個市場，此處僅描述五維規則藤結構圖，如圖 4-2 所示。其中，V_1, V_2, V_3, V_4, V_5 均表示變量，每棵「樹」的邊則由對應的二元無條件或條件 Copula 函數來刻畫。

图 4-2 五维规则藤结构图

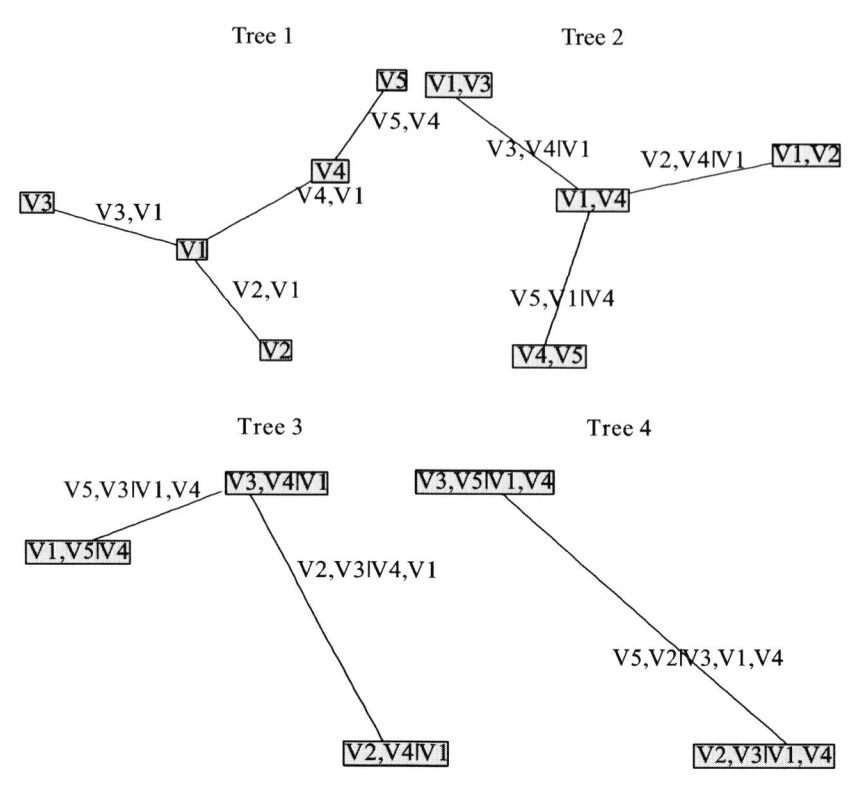

记随机向量 $X = (X_1, X_2, \cdots, X_d)$，其边缘密度函数为 $f_1, f_2, \cdots, f_d$，$X_{D(e)}$ 表示向量 X 中由集合 $D(e)$ 确定的子向量，X_{-j} 表示向量 X 剔除第 j 个变量后的子向量。于是，在规则藤结构的边 $E_i(1 \leq i \leq d-1)$ 上，给定 $X_{D(e)}$ 的前提下，$X_{j(e)}$ 与 $X_{k(e)}$ 的条件边缘分布函数所对应的二元 Copula 的密度函数就可以记为 $c_{j(e), k(e) \mid D(e)}$，其中 $j(e)$ 和 $k(e)$ 均称为被调节集（conditioned set），$D(e)$ 称为调节集（conditioning set）。那么，密度函数可表述为

$$f_{1,2,\cdots,d}(x_1, x_2, \cdots, x_d) =$$
$$\prod_{i=1}^{d} f_i(x_i) \cdot \prod_{i=1}^{d-1} \prod_{e \in E_i} c_{j(e), k(e) \mid D(e)}(F(x_{j(e)} \mid X_{D(e)}), F(x_{k(e)} \mid X_{D(e)})) \quad (4-22)$$

式（4-22）中，边缘密度服从 [0, 1] 均匀分布。

如果記規則藤為 V，其對應的二元參數 Copula 族和參數分別為 B 和 Θ，那麼規則藤 Copula 密度函數就可以記為 $c(.\ |\ V, B, \Theta)$。由於 d 維規則藤結構非常靈活，且並沒有一個確定的結構種類，文章採用 Morales-Napoles（2008）、Dißmann（2010）和 Dißmann 等（2013）的方法，將規則藤結構用為 $d \times d$ 維下三角矩陣 $M = (m_{ij}\ |\ i \geq j)$ 來表述，其中每一列表示一棵「樹」。

於是，圖 4-2 的五維規則藤結構就可以表述為

$$M = \begin{pmatrix} 5 & & & & \\ 2 & 2 & & & \\ 3 & 3 & 3 & & \\ 1 & 4 & 4 & 4 & \\ 4 & 1 & 1 & 1 & 1 \end{pmatrix} \tag{4-23}$$

同理，對應的二元參數 Copula 族 B 和參數 Θ 的表述，可參見 Dißmann（2010）。

4.2.4 規則藤 Copula 參數估計

規則藤 Copula 模型的參數估計，通常更多的是採用極大似然估計方法。研究表明，正則條件下的極大似然估計是一致估計，也是漸進正態的，而漸進協方差矩陣的估計量可以通過標準的方法獲得（White, 1994）。對於規則藤 V，且其對應的二元參數 Copula 族和參數分別為 B 和 Θ，其密度函數就可以表述為 $c(.\ |\ V, B, \Theta)$，那麼似然函數與對數似然函數分別為

$$f(\Theta) = \sum_{t=1}^{T} c(u_t\ |\ V, B, \Theta) \text{ 和 } \log f(\Theta) = \sum_{t=1}^{T} \log(c(u_t\ |\ V, B, \Theta))$$

$$(4-24)$$

式中，u_t 為獨立的觀察變量。於是，規則藤 Copula 參數估計為

$$\hat{\theta} = \arg\max_{\Theta} \sum_{t=1}^{T} \log(c(u_t \mid V, B, \Theta)) \qquad (4-25)$$

實際上，規則藤的參數估計是一種序貫估計，即存在第二估計的程序（Dißmann 等，2013）。這種序貫方法，是首先將藤的每棵「樹」分離，並針對第一棵「樹」的每一個 Copula 對分別進行估計，然後運用 h 函數計算第二棵「樹」的轉換變量，再分別估計第二棵「樹」的每一個條件 Copula 對的參數；以此類推。在實際操作中，這種方法非常便利、迅速。尤其重要的是，就聯合極大似然估計而言，被估計的參數可以作為良好的起始值。

4.2.5 擬合優度檢驗

本章主要選擇了兩種檢驗方法來對構建的規則藤 Copula 模型的擬合優度進行檢驗。一種是基於 White（1982）的信息矩陣等式擬合優度檢驗方法；另一種是基於概率積分轉換（PIT）與經驗 Copula 過程（ECP）混合方法的擬合優度檢驗。這兩種方法，都運用了 Bootstrap 方法，且後者以 Cramer von Mises（CvM）檢驗統計量作為度量測度。更多檢驗方法，可參見 Schepsmeier（2013）。

4.2.5.1 White 信息矩陣檢驗

信息矩陣等式（information matrix equation）及其檢驗，首先由 White（1982）提出。記 $U = (u_1, \cdots, u_d)^T \in [0, 1]^d$ 為一隨機向量，其對應著規則藤 Copula 分佈函數 $C_\Theta(u_1, \cdots, u_d)$，且該規則藤 Copula 的對數似然函數記為 $L(\Theta \mid U) := \log(C_\Theta(u_1, \cdots, u_d))$。分別定義期望 Hessian 矩陣 $H(\Theta \mid U)$ 和評價函數（score function）的期望外積 $C(\Theta \mid U)$ 為

$$H(\Theta \mid U) := E[\partial_\Theta^2 L(\Theta \mid U)] \ 和$$

$$C(\Theta \mid U) := E[\partial_\Theta L(\Theta \mid U)(\partial_\Theta L(\Theta \mid U))^T] \qquad (4-26)$$

式中，∂_Θ 為對數似然函數對對應 Copula 參數 $\theta \in R^p$ 的導數，p 為參數個數。

根據 Bartlett 恆等式，規則藤 Copula 模型的錯誤設定檢驗的原假設和備擇假設分別為

$$H_0: H(\Theta_0) + C(\Theta_0) = 0 \text{ 和 } H_1: H(\Theta_0) + C(\Theta_0) \neq 0 \quad (4-27)$$

式中，Θ_0 為規則藤 Copula 參數向量的真實值。

定義隨機變量 $d(\Theta \mid U): = vech(H(\Theta \mid U) + C(\Theta \mid U)] \in R^{\frac{p(p+1)}{2}}$，其期望梯度矩陣為

$$\nabla D_\Theta : = E[\partial_{\Theta_k} d_L(\Theta \mid U)]_{L=1,\cdots,\frac{p(p+1)}{2},\ k=1,\cdots,p} \in R^{\frac{p(p+1)}{2} \times p} \quad (4-28)$$

於是，在滿足 White（1982）正則條件下，假設 $L(\hat{\Theta}_n \mid u_t)$ 是連續可度量的函數，且其導數存在，那麼 $\sqrt{n}\, d(\hat{\Theta}_n)$ 的漸進協方差矩陣可以表述為

$$V_{\Theta_0} = E[\,(d(\Theta_0 \mid U) - \nabla D_{\Theta_0} H(\Theta_0)^{-1} \partial_{\Theta_0} L(\Theta_0 \mid U))$$
$$(d(\Theta_0 \mid U) - \nabla D_{\Theta_0} H(\Theta_0)^{-1} \partial_{\Theta_0} L(\Theta_0 \mid U))^T\,]$$

其中，

$$\bar{d}(\hat{\Theta}_n) = \frac{1}{n} \sum_{t=1}^n \bar{d}_t(\hat{\Theta}_n)$$

且 $\hat{\Theta}_n$ 表示在給定 n 個獨立同分佈樣本時，參數 Θ_0 的極大似然估計值。那麼，White 信息矩陣檢驗的統計量為

$$T_n = n\,(\bar{d}(\hat{\Theta}_n))^T \hat{V}_{\hat{\Theta}_n}^{-1} \bar{d}(\hat{\Theta}_n) \quad (4-29)$$

式中，$\hat{V}_{\hat{\Theta}_n}^{-1}$ 為漸進協方差矩陣 V_{Θ_0} 的參數估計值；$T_n \sim \chi^2\left(\dfrac{p(p+1)}{2}\right)$，$\sim$ 表示漸進服從。

記 $\chi^2\left(\dfrac{p(p+1)}{2}\right)$ 在 $1-\alpha$ 水準上的臨界值為 $t_{1-\alpha}$，那麼當 $T_n > t_{1-\alpha}$ 時，拒絕 White 檢驗的原假設，表明模型沒有通過擬合優度檢驗，模型的擬合效果欠佳；反之亦然。

4.2.5.2 ECP2 檢驗

Genest 和 Remillard（2008）提出一種新的 Copula 擬合優度檢驗方法，

即檢驗已被估計出參數 $\hat{\Theta}_n$ 的 Copula 分佈函數 $C_{\hat{\Theta}_n}(U)$ 與經驗 Copula 分佈函數 $\hat{C}_n(U)$ 之間的差異，也即經驗 Copula 過程（ECP）。

其中，

$$\hat{C}_n(U) = \frac{1}{n+1}\sum_{t=1}^{n} 1_{\{u_{t1}\leqslant u_1,\cdots,u_{td}\leqslant u_d\}} \quad (4-30)$$

由於規則藤 Copula 模型的分佈函數 $C_{\hat{\Theta}_n}(U)$ 沒有解析解，因而採用 Bootstrap 方法。於是，基於多維變量 Cramer von Mises（mCvM）檢驗統計量的 ECP 檢驗統計量被定義為

$$n\omega_{\text{ECP}}^2 := n\int_{[0,1]^d}(\hat{C}_n(U) - C_{\hat{\Theta}_n}(U))^2 d\hat{C}_n(U) \quad (4-31)$$

為了減少計算量，採用概率積分轉換（probability integral transform, PIT）方法將變量轉換為 $y = (y_1,\cdots,y_d)$，並將其代入到 ECP 中，從而無須計算 $C_{\hat{\Theta}_n}(U)$。於是，檢驗方法的思想就變成計算經驗 Copula 分佈函數 $\hat{C}_n(y)$ 與獨立 Copula 分佈函數 $C_\perp(y)$ 之間的距離。記新的 ECP 檢驗為 ECP2 檢驗，因此 ECP2 檢驗的統計量可以表述為

$$n\omega_{\text{ECP2}}^2 := n\int_{[0,1]^d}(\hat{C}_n(y) - C_\perp(y))^2 d\hat{C}_n(y) \quad (4-32)$$

由於 mCvM 檢驗統計量的漸進分佈函數未知，因而文章採用參數 bootstrap 方法來估計 P 值。如果在 $1-\alpha$ 水準上的臨界值記為 $t_{1-\alpha}^{\text{mCvM}}$，那麼 $n\omega_{\text{ECP}}^2 > t_{1-\alpha}^{\text{mCvM}}$ 時，拒絕 ECP2 檢驗的原假設，表明模型的擬合效果欠佳；反之亦然。

4.3　數據來源與實證研究

4.3.1　數據描述

本章選取碳排放交易市場一級市場的歐盟排放配額（EUA）期貨的日價格時間序列數據，包括 2010 年 12 月到期 EUA（Dec10 EUA）、2011 年

12月到期EUA（Dec11 EUA）、2012年12月到期EUA（Dec12 EUA）、2013年12月到期EUA（Dec13 EUA）、2014年12月到期EUA（Dec14 EUA）。美國次貸危機發生，國際資本市場都受到不同程度的衝擊，可能使資產價格發生較大的跳躍。相對於金融危機等這類極端事件而言，經濟運行狀態更多的是處於一種非危機的狀態。考慮到這一點，為防止可能發生的跳躍影響研究結果的準確性，文章僅選取次貸危機發生後的價格數據，且將2008年7月14日美聯儲救助「兩房」的時間作為危機發生的時間點，因而樣本範圍選擇為2008年7月14日至2010年7月30日，共523組。①另外，文章選擇經調整的日收益率數據，計算公式為 $R_t = 100 \cdot (\ln P_t - \ln P_{t-1})$。原始數據來源於歐洲能源交易所。

表4-1顯示了EUA經調整的日收益率數據的描述性統計，也描述了正態性與自相關效應的檢驗結果。根據表4-1可知，在美國次貸危機發生後，各期貨市場都具有負的收益率，也呈現出正偏和尖峰的特徵。根據K-S和L-B檢驗結果，經調整的日收益率數據不服從正態分佈，且殘差具有自相關效應。為了描述這些特徵，文章將採用ARMA-GARCH模型擬合數據，並假設殘差服從學生 t 分佈。

表4-1　　　　　　　　　描述性統計

變量	Dec10 EUA	Dec11 EUA	Dec12 EUA	Dec13 EUA	Dec14 EUA
均值	-0.141,6	-0.144,6	-0.146,4	-0.145,3	-0.14,2
標準差	2.686,7	2.637,1	2.594,1	2.360,0	2.229,4
偏度	0.021,8	0.009,4	0.013,5	0.036,8	0.013,8
峰度	4.677,6	4.733,2	4.888,5	4.540,7	4.449,7
K-S檢驗	(1,0.000,0)	(1,0.000,0)	(1,0.000,0)	(1,0.000,0)	(1,0.000,0)
L-B檢驗	(1,0.000,7)	(1,0.000,6)	(1,0.000,7)	(1,0.000,8)	(1,0.000,3)

註：K-S檢驗中，1表示拒絕「服從正態分佈」的原假設；L-B檢驗中，1表示拒絕「殘差沒有自相關效應」的原假設；顯著性水準為0.05。

---

① 在未來研究中，樣本期可以將危機時期包含在內，從而研究危機前與危機期間碳排放交易市場之間相依結構的變化。

4.3.2 邊緣模型參數估計結果

為了構建 Copula 分析框架，首先運用 ARMA-GARCH 模型來擬合數據，並假設殘差服從學生 t 分佈。如表 4-2 所示，描述了 ARMA（1，1）-GARCH（1，1）模型的參數估計結果，其模型的選擇標準為 Akaike Information Criterion（1973）。

表 4-2　　　　　　　ARMA-GARCH 模型參數估計結果

變量	Dec10 EUA	Dec11 EUA	Dec12 EUA	Dec13 EUA	Dec14 EUA
C	−0.108,7 (−0.592,2)	−0.117,6 (−0.674,2)	−0.123,5 (−0.734,6)	−0.152,8 (−1.016,3)	−0.145,2 (−1.041,5)
AR(1)	−0.688,6 (−2.409,8)	−0.624,5 (−2.146,0)	−0.613,8 (−2.074,2)	−0.522,6 (−1.626,3)	−0.491,3 (−1.348,2)
MA(1)	0.744,1 (2.848,9)	0.694,3 (2.598,7)	0.684,7 (2.511,3)	0.606,9 (2.005,6)	0.572,1 (1.653,7)
K	0.269,7 (1.601,3)	0.253,0 (1.636,7)	0.247,9 (1.690,7)	0.203,6 (1.434,1)	0.192,4 (1.487,0)
GARCH(1)	0.849,4 (16.209)	0.852,3 (17.254)	0.848,7 (17.455)	0.870,9 (17.978)	0.863,4 (17.224)
ARCH(1)	0.111,1 (2.931,4)	0.109,1 (3.008,6)	0.112,8 (3.028,3)	0.090,2 (2.768,1)	0.096,0 (2.782,1)
DoF	13.612 (1.833,6)	13.553 (1.800,0)	10.922 (2.198,1)	11.767 (2.182,7)	11.292 (2.230,6)
LLR	−1,208.1	−1,198.3	−1,187.3	−1,149.2	−1,119.9
AIC	2,430.4	2,410.6	2,388.6	2,312.4	2,253.8
BIC	1,460.2	2,440.4	2,418.4	2,342.2	2,283.6

註：括號中的數據為對應的 t 統計量的值。

根據表 4-2，各市場收益率序列均呈現出顯著的 GARCH（1，1）效應即異方差，且存在明顯的波動持續性特徵。為了構建 Copula 模型，文章首先採用 ARMA-GARCH 模型來擬合收益率數據，並得到新息（innovations）序列。新息的正態性檢驗 QQ 圖如圖 4-3 所示。根據檢驗結果，新息序列並不能完全服從標準的正態分佈，因此在 Copula 建模時，將

放寬新息序列服從某一特定分佈的假設，並採用一種序貫的選擇方法。

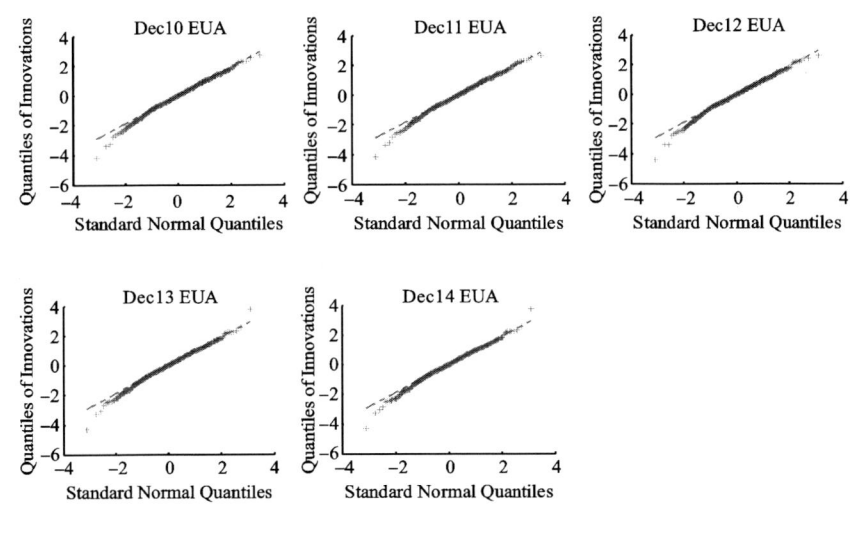

圖 4-3　新息的正態性檢驗 QQ 圖

4.3.3 規則藤 Copula 模型構建

由於規則藤分佈選擇的多樣性，規則藤 Copula 模型也就具有非常靈活的結構。在構建規則藤 Copula 模型時，首先要選取合適的規則藤結構，即選擇合適的無條件和條件變量對，也即確定構成「樹」結構的邊的兩個市場。此處，文章採用一種基於 Kendall's tau 相依系數的序貫選擇方法，來確定規則藤 Copula 結構。所謂規則藤 Copula 模型序貫選擇方法，就是首先根據變量之間相依性的強弱程度來依次確定各「樹」。由於選擇各「樹」是相互獨立的，這並不能保證全局最優。當採用極大似然估計時，從模型的擬合優度上看，AIC 值不能保證最小。然而，選擇這種方法也存在一定的優越性，如在度量兩個變量之間的聯合尾部相依時，能夠最小化捨入誤差（rounding error）對第二棵「樹」以及以後各「樹」的影響。

圖 4-4 描述了相依關係散點圖（上三角圖）以及對應的 Kendall's tau 系數（下三角圖）。由於 Kendall's tau 系數與 Copula 函數值具有一一對應

的關係，結合序貫選擇方法，Dec10 EUA 與 Dec11 EUA 之間的相依關係最大，肯定作為第一棵「樹」的一個「邊」。Dec10 EUA 與 Dec12 EUA、Dec13 EUA 與 Dec14 EUA、Dec11 EUA 與 Dec12 EUA 之間的相依系數也很大，都應該成為第一棵「樹」的一個「邊」。然而，藤結構的每一棵「樹」不能存在封閉的環狀結構。在選擇生成樹（spanning tree）時，採用最大生成樹算法（maximum spanning tree algorithm）的序列 Copula 選擇方法來構建合適的規則藤 Copula 模型，即最大化 Kendall's tau 系數的絕對值，也即 $\max \sum_{e=\{j,k\}} |\hat{\tau}_{j,k}| (1 \leq j < k \leq n)$，$n$ 表示變量個數，j 和 k 分別表示行和列。

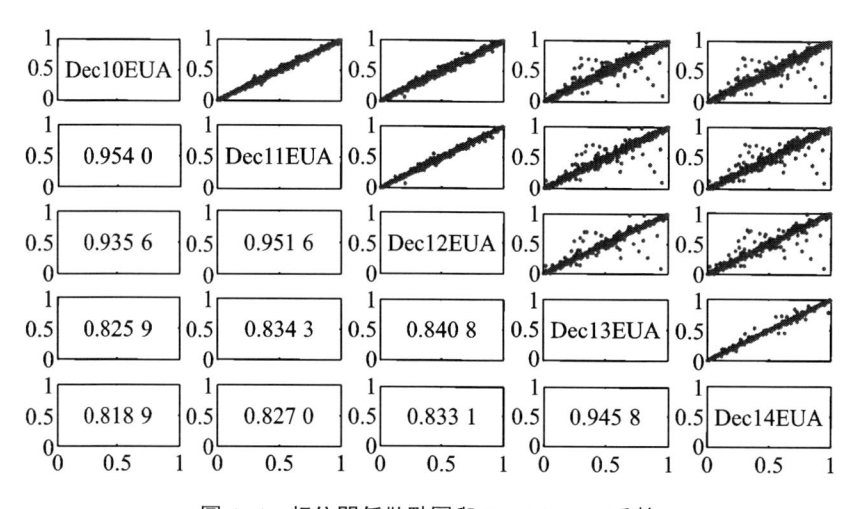

圖 4-4　相依關係散點圖與 Kendall's tau 系數

圖 4-5 顯示了規則藤的結構矩陣，選擇方法為基於序貫選擇的極大似然估計方法。其中，數字 1、2、3、4、5 分別表示 Dec10 EUA、Dec11 EUA、Dec12 EUA、Dec13 EUA 和 Dec14 EUA。根據圖 4-5，矩陣第五行顯示的是無條件二元 Copula 函數，也即用來捕捉第一棵「樹」中兩個變量之間的相依結構；而第二到第四行顯示的是有條件二元 Copula 函數，用來描述其他各「樹」中變量之間的相依性。

$$M = \begin{pmatrix} 5 & * & * & * & * \\ 2 & 2 & * & * & * \\ 3 & 3 & 3 & * & * \\ 1 & 4 & 4 & 4 & * \\ 4 & 1 & 1 & 1 & 1 \end{pmatrix}$$

圖 4-5　規則藤結構矩陣

圖 4-6 描述了規則藤 Copula 結構的二元 Copula 族函數矩陣，選擇標準是基於 AIC 值，顯著性水準為 0.05。其中，N、t、F 分別表示 Gaussian copula、t-copula 和 Frank copula。根據圖 4-6 可以看出，在 Dec10 EUA、Dec12 EUA、Dec13 EUA 市場相依結構固定下，Dec11 EUA 與 Dec14 EUA 市場之間的相依結構可以採用 Gaussian copula 函數來描述，這表明兩個市場之間不存在尾部相依關係；而在 Dec10 EUA、Dec13 EUA 市場相依結構確定不變情形下，Dec12 EUA 與 Dec14 EUA 市場之間的相依結構則適合採用 Frank copula 函數來捕捉，這也表明兩個市場之間的尾部相依關係並不顯著。[①]根據圖 4-6，在無條件相依的情形下，Dec10 EUA 市場分別與 Dec11 EUA、Dec12 EUA、Dec13 EUA 市場，以及 Dec13 EUA 市場和 Dec14 EUA 市場之間的相依性結構均可以由 t-copula 函數來描述，表明市場之間呈現出明顯的對稱尾部相依性。

$$C = \begin{pmatrix} * & * & * & * & * \\ N & * & * & * & * \\ F & t & * & * & * \\ t & t & F & * & * \\ t & t & t & t & * \end{pmatrix}$$

圖 4-6　規則藤 Copula 結構二元 Copula 族函數矩陣

---

① 其他市場的相依結構的理解，以此類推，不再贅述。

4.3.4 規則藤 Copula 模型參數估計結果

本章以 Kendall's tau 秩相關係數作為構建各「樹」的邊的權重，運用基於最大生成樹算法的序貫選擇方法來構建合適的規則藤 Copula 模型。進一步地，採用極大似然估計方法估計規則藤 Copula 模型的參數，估計結果如表 4-3 所示。根據表 4-3 中第一個參數估計的結果，第五行的參數值均最大，一方面顯示出變量之間的相依關係大，另一方面檢驗了採用最大化 Kendall's tau 系數的絕對值來選擇規則藤 Copula 的有效性。

表 4-3　　　　　　　　規則藤 Copula 模型參數估計結果

第一個參數	[, 1]	[, 2]	[, 3]	[, 4]	[, 5]
[1,]	0.000,0 (0.000,0)	0.000,0 (0.000,0)	0.000,0 (0.000,0)	0.000,0 (0.000,0)	0.000,0 (0.000,0)
[2,]	0.012,9 (0.055,1)	0.000,0 (0.000,0)	0.000,0 (0.000,0)	0.000,0 (0.000,0)	0.000,0 (0.000,0)
[3,]	0.331,7 (0.177,0)	0.545,9 (0.162,8)	0.000,0 (0.000,0)	0.000,0 (0.000,0)	0.000,0 (0.000,0)
[4,]	0.054,0 (0.042,0)	0.496,7 (0.038,1)	0.293,1 (0.586,5)	0.000,0 (0.000,0)	0.000,0 (0.000,0)
[5,]	0.999,2 (0.003,2)	0.997,4 (0.003,0)	0.994,7 (0.012,7)	0.985,3 (0.002,7)	0.000,0 (0.000,0)
第二個參數					
[1,]	0.000,0 (0.000,0)	0.000,0 (0.000,0)	0.000,0 (0.000,0)	0.000,0 (0.000,0)	0.000,0 (0.000,0)
[2,]	0.000,0 (0.000,0)	0.000,0 (0.000,0)	0.000,0 (0.000,0)	0.000,0 (0.000,0)	0.000,0 (0.000,0)
[3,]	0.000,0 (0.000,0)	11.493 (1.342,5)	0.000,0 (0.000,0)	0.000,0 (0.000,0)	0.000,0 (0.000,0)
[4,]	19.755 (5.973,6)	6.417,7 (1.357,7)	0.000,0 (0.000,0)	0.000,0 (0.000,0)	0.000,0 (0.000,0)
[5,]	2.000,1 (0.423,0)	4.796,1 (0.725,7)	4.832,0 (0.886,3)	2.000,1 (0.359,7)	0.000,0 (0.000,0)

註：第二個參數，是對應 Copula 函數的自由度參數，而括號中的數據為對應的標準誤。由於第三行第一列是對應的 Gaussian copula 參數的估計值，而 Gaussian copula 只採用一個參數來描述變量之間的相依結構，因而在第二個參數估計中，第三行第一列沒有估計值，表中均用 0 來表示。

圖 4-7 顯示了基於規則藤 Copula 的國際碳排放權市場相依結構圖。其中，第一棵「樹」的「邊」上，字母表示通過基於序貫選擇的極大似然估計方法確定的無條件二元 Copula 函數，數字表示基於序貫選擇的極大似然估計方法估計得到的經驗 Kendall's tau 值，而其他各「樹」的「邊」上的字母則表示條件二元 Copula 函數。

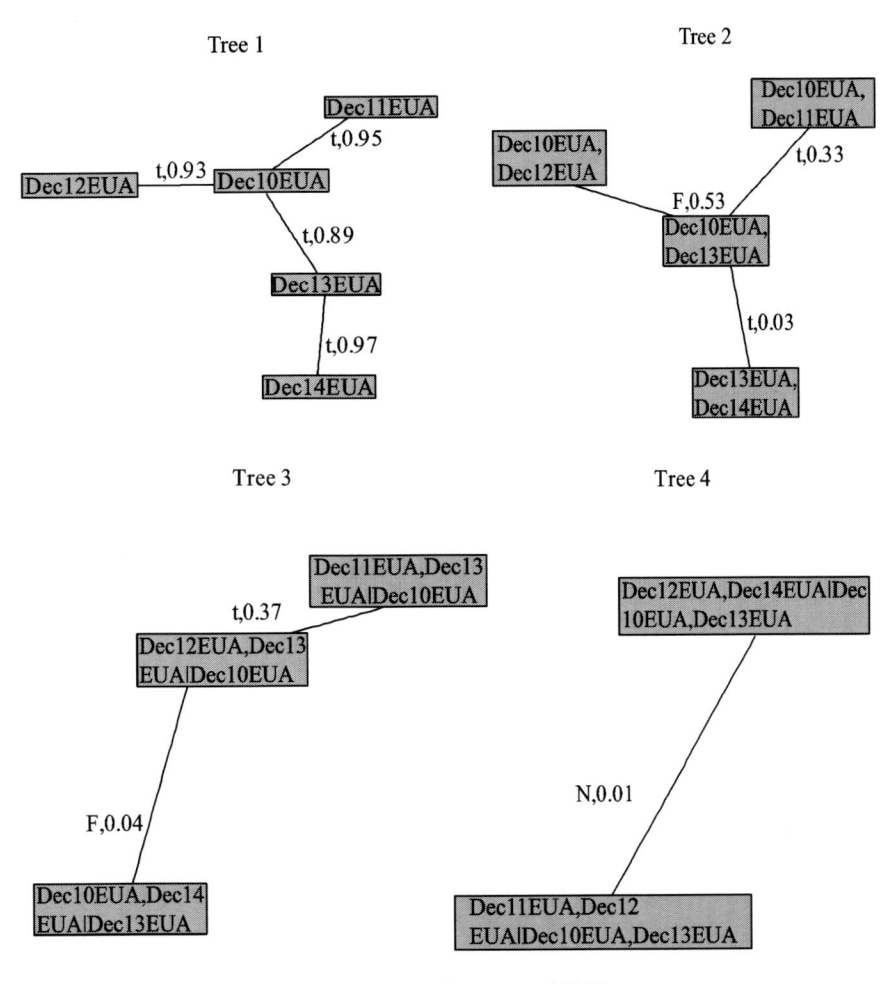

Tree 1

Dec12EUA —t,0.93— Dec10EUA —t,0.95— Dec11EUA
Dec10EUA —t,0.89— Dec13EUA —t,0.97— Dec14EUA

Tree 2

Dec10EUA, Dec12EUA —— F,0.53 —— Dec10EUA, Dec11EUA (t,0.33)
Dec10EUA, Dec13EUA —t,0.03— Dec13EUA, Dec14EUA

Tree 3

Dec12EUA,Dec13EUA|Dec10EUA —t,0.37— Dec11EUA,Dec13EUA|Dec10EUA
F,0.04
Dec10EUA,Dec14EUA|Dec13EUA

Tree 4

Dec12EUA,Dec14EUA|Dec10EUA,Dec13EUA —N,0.01— Dec11EUA,Dec12EUA|Dec10EUA,Dec13EUA

圖 4-7　規則藤 Copula 結構圖

4.3.5 模型的擬合優度檢驗結果

本章首先採用序貫 Copula 選擇方法構建了合適的規則藤 Copula 模型，並採用極大似然估計方法估計了規則藤 Copula 模型。此處，本章基於 Bootstrap 方法，分別運用基於 White（1982）的信息矩陣等式擬合優度檢驗和基於概率積分轉換（PIT）與經驗 Copula 過程（ECP）混合方法的擬合優度檢驗，且後者以 Cramer von Mises（CvM）檢驗統計量為度量測度，對模型進行擬合優度的檢驗。表 4-4 顯示了規則藤 Copula 模型的擬合優度的檢驗結果。根據 P 值，原假設不能被拒絕，也即規則藤 Copula 模型在 0.05 顯著性水準下都不能被拒絕。因此，本章構建的規則藤 Copula 模型能夠較好地捕捉到國際碳排放權市場之間的相依性結構。

表 4-4　　規則藤 Copula 模型的擬合優度檢驗結果

	檢驗方法	B	Alpha	統計量	P 值
1	White	200	2	517.77	1
2	ECP2	200	NA	0.412,6	0.445

註：White，表示基於 White 的信息矩陣等式擬合優度檢驗；ECP2，表示基於概率積分轉換（PIT）與經驗 Copula 過程（ECP）混合方法的擬合優度檢驗，具體可參見 Genest 等（2009）。B 表示 bootstrap 步長（default B=200）。如果 B 太大，將會給計算帶來負擔。Alpha 表示基於概率積分轉換（PIT）與單變量數據集合的第二擬合優度檢驗所設定集合 {2, 4, 6, …} 的整數（default Alpha=2），具體可參見 Berg 和 Bakken（2007）。原假設 H0：多元變量分佈之間的相依結構能夠被所設定的 Copula 函數族來描述。顯著性水準為 0.05。

4.4　本章小結

在資本市場上，來自外界不確定信息或者極端事件可能會給市場帶來很大的影響。毫無疑問，美國次貸危機的發生，在很大程度上給國際資本

市場造成了衝擊。作為國際資本市場之一，國際碳排放交易市場也可能受到一些衝擊，從而使市場價格發生突然的大波動，即跳躍現象，也可能引起市場結構的變化。危機的發生給市場帶來了更多的不確定性信息，這也就使市場之間的結構關係變得更加複雜，也給準確度量這種結構關係帶來了很大的挑戰。為了研究並度量國際碳排放交易市場複雜的相依結構特徵，且考慮到排除極端事件對市場衝擊的不利影響，本章選擇了美國次貸危機發生後國際碳排放交易市場的日價格數據。

在新息服從學生 t 分佈的前提假設下，首先運用 ARMA-GARCH 模型對經調整的日收益率數據進行過濾，並採用極大似然方法來估計模型的參數，獲得新息序列；然後，選取 Kendall's tau 秩相關係數作為藤結構中每棵「樹」的權重，運用最大生成樹算法的序貫 Copula 選擇方法來構建合適的規則藤 Copula 模型，以捕捉不同市場之間的相依結構，並使用基於序貫的極大似然方法估計規則藤 Copula 模型；最後，選擇兩種方法對模型進行擬合優度的檢驗，包括 White 信息矩陣等式擬合優度檢驗和基於概率積分轉換（PIT）與經驗 Copula 過程（ECP）混合方法的擬合優度檢驗。後一種檢驗，是基於 Bootstrap 方法，並以 Cramer von Mises（CvM）檢驗統計量作為度量測度。研究表明，構建的規則藤 Copula 模型能夠較好地捕捉國際碳排放權市場的相依結構。這一研究結論，有利於提高碳排放權市場的風險管理和產品定價的準確度。其中，在 Dec10 EUA、Dec12 EUA、Dec13 EUA 市場相依結構固定下，Dec11 EUA 與 Dec14 EUA 市場之間的相依結構可以採用 Gaussian copula 函數來描述；而在 Dec10 EUA、Dec13 EUA 市場相依結構確定不變情形下，Dec12 EUA 與 Dec14 EUA 市場之間的相依結構則適合採用 Frank copula 函數來捕捉。根據上述結果，容易發現上述兩組市場之間並沒有呈現出尾部相依的特徵。然而，在無條件相依的情形下，Dec10 EUA 市場分別與 Dec11 EUA、Dec12 EUA、Dec13 EUA 市場，以及 Dec13 EUA 市場和 Dec14 EUA 市場之間的相依性結構均可以由 t-copula 函

數來描述，表明市場之間呈現出明顯的對稱尾部相依性特徵。

根據上述研究結果可知，正是由於規則藤 Copula 模型具有靈活結構，且放寬了採用某種或某幾種二元 Copula 函數來刻畫相依結構的假設，該模型可以更好地刻畫碳排放權市場之間複雜的相依性結構。而部分市場之間尾部相依特徵的出現，表明市場在出現極端事件的情況下，更加容易產生極值風險，而尾部對稱特徵則說明極端好事件與極端壞事件所產生極值風險的概率相當。

本章的研究結果表明，規則藤 Copula 分析框架能夠較好地刻畫碳排放交易市場不同產品市場之間的相依性結構，也再一次印證了該分析方法在刻畫高維情形下變量之間相依性的優越性。而作為新興資本市場之一，碳排放交易市場不再是一個完全獨立的市場，其發展與價格走勢也會受到其他資本市場的影響。碳排放交易市場的價格波動，不僅僅受到市場本身因素的影響，如制度安排、內部政策的調整等，還受到包括能源、股票、基金、其他商品等在內的市場的影響，更會受到天氣、國際政治背景等因素的影響。因此，在實際研究中，考慮採用規則藤 Copula 分析框架來研究碳排放交易市場與更多市場之間的相依性，具有可行性，也為進一步探討該市場波動的驅動因素來源及影響程度提供了一定的參考依據。

在本章的研究中，儘管放寬了新息服從某一種分佈的約束，但沒有考慮到市場的結構轉換特徵。由於很多不確定因素的影響，市場價格經常出現不同程度的跳躍，市場結構也可能發生改變。實際上，受到其他資本市場以及天氣等因素的影響，國際碳排放交易市場呈現出與其他資本市場類似的狀態轉化特徵。如果將合適的狀態轉換模型應用於相關問題的研究，可能會獲得更具有意義的結論。因此，下一章節將首先考慮引入具有馬爾科夫過程的機制轉換模型，來研究碳排放交易市場的狀態轉換結構特徵。

5 碳排放交易市場的狀態轉換結構研究

5.1 引言

　　全球氣候變暖，是人類面臨的來自自然環境的主要挑戰之一。這一問題的形成，是由於溫室氣體的排放量過多，而二氧化碳又是主要的溫室氣體來源。因此，對二氧化碳排放量的控制就成為應對全球氣候變暖的重要舉措。在當前發展低碳經濟的背景下，碳排放交易市場的建立與運行是嘗試採用經濟學手段解決這一環境問題的重要途徑。隨著《聯合國氣候變化框架公約》，以及《京都議定書》的簽訂，碳排放交易市場已經成為一個重要的貿易市場。碳排放交易市場的不斷發展且日趨成熟，使得該市場的資本化程度逐漸深化，其金融屬性也日益顯著，並出現了多種碳金融產品及其衍生品。然而，該市場仍然不十分完善，市場結構容易受到外界信息的衝擊而發生變化，並產生很大的市場不確定性風險。因而，研究碳排放交易市場的結構特徵，不僅有助於完善市場制度，也有利於對該市場進行風險管理。

　　從現有研究文獻看，針對碳排放的研究涉及多個研究領域，如能源、環境、經濟、金融等。就金融經濟學領域而言，國內外學者對碳排放交易市場的研究，主要集中於碳排放配額和核證減排量這兩類交易產品，且大部分研究都是基於計量經濟學分析，如 Paolella 和 Taschini（2008）選擇

GARCH類模型對碳排放時間序列的收益率數據進行過濾，基於此，預測市場的在險價值VaR，並比較模型對市場風險的預測能力；張躍軍和魏一鳴（2011）選取EU ETS碳排放交易市場期貨市場作為研究對象，通過對市場價格序列的日交易數據進行實證分析，發現均值迴歸的現象存在於該市場的價格、市場的波動與市場風險等多個方面。借助於不同的計量模型，近幾年國內外學者主要從以下幾個方面進行了相關的研究。

在碳排放現貨交易市場的動態特徵研究方面，Seifert等（2008）選取EU ETS（歐盟排放交易體系）作為研究對象，採用隨機均衡模型分析了該交易體系的特徵以及二氧化碳排放權現貨市場價格的動態變化特徵，研究發現，二氧化碳排放權現貨市場價格並未呈現出季節變化的特徵，但其變化過程卻呈現出時變的波動性特徵，且變化趨勢同波動性結構之間存在關聯。Benz和Trück（2009）選擇馬爾科夫機制轉換模型進行了實證分析，發現該模型能夠對歐盟碳排放交易市場場外市場的二氧化碳現貨價格進行模擬，且模擬效果較好。Conrad等（2012）選擇歐盟排放配額價格的高頻數據進行建模，以研究該市場的日內週期性、波動聚集特徵和波動持續性，發現採用分數協整非對稱廣義自迴歸條件異方差（fractional integrated asymmetric power autoregressive conditional heteroscedasticity，FIAPGARCH）模型能夠很好地捕捉到歐盟排放配額價格的高頻數據的動態性。

在碳排放權期貨市場的動態變化特徵研究方面，Miclăuş等（2008）選擇AR（1）-GARCH（1,1）模型對EU ETS機制下歐盟排放配額（EUA）期貨市場的日收益率時間序列數據進行擬合，發現歐盟排放配額的期貨交易市場存在價格的動態變化特徵，且這一特徵可以由上述模型較好地刻畫。Rittler（2012）基於歐盟排放配額期貨價格的高頻數據，採用格蘭杰因果檢驗方法研究了期貨市場上的短期動態性，並發現期貨市場呈現出顯著的長期價格發現過程，且期貨市場信息的引導功能會隨著時間的推移而逐漸增強。劉維泉和張杰平（2012）運用經濟計量模型研究了歐盟排放配

額期貨價格的特徵，發現價格序列存在一種長期的趨勢，且這種趨勢是可以預測的。王玉和郁志堅（2012）結合信息共享模型和 MGARCH-BEKK 模型，實證分析了歐盟碳排放配額 EUA 和核證減排量 CER 期貨市場的價格發現功能與波動溢出效應，發現 EUA 和 CER 期貨市場之間具有長期的均衡關係，且 EUA 期貨市場的價格發現功能明顯；同時發現，目前僅 EUA 期貨市場對 CER 期貨市場存在單向的波動溢出效應，但未來兩個期貨市場之間的雙向波動溢出效應會呈現增強的態勢。

在碳排放現貨市場與期貨市場之間關係的研究方面，Nazifi（2013）也針對歐盟排放配額（EUA）與核證減排量（CER）價格之間的價差進行了實證研究，發現長期的時變相關性並不呈現在這兩個市場之間，且也沒有發現具有趨同現象的證據。黃明皓等（2010）運用經濟計量模型對核證減排量期貨市場的價格發現功能進行了實證研究，並分析了該市場的套期保值功能，發現核證減排量期貨市場在短期內已經具有了較好的價格發現功能，而且在長期內核證減排量與歐盟排放配額市場之間具有較為穩定的動態關係。吳恒煜等（2011）將核證減排量作為研究對象，通過信息準則選擇合適的 GARCH 模型來分析該產品的期貨和現貨價格特徵，並得到了 t-GARCH（1，1）模型具有較好的刻畫能力的結論。盛春光（2013）基於 Johansen 協整檢驗、格蘭傑因果關係檢驗、向量誤差修正模型（VECM）、廣義脈衝回應函數以及方差分解方法等計量分析框架，選取歐洲氣候交易所的歐盟碳排放配額 EUA 期貨市場價格和核證減排量 CER 期貨市場價格數據，研究 EUA 和 CER 期貨價格之間的變動關係。王軍鋒等（2014）也選取 EUA 和 CER 的現貨價格與期貨價格數據，採用自迴歸模型與脈衝回應函數研究了兩種商品價格之間的關係。

在碳排放交易產品的定價與價格預測研究方面，Daskalakis 等（2009）對具有隨機遊走特徵的碳排放交易市場現貨產品的價格序列數據進行了實證分析，認為該市場的現貨產品價格序列呈現出顯著的非連續突變現象，

但這一現象不十分穩定，同時碳排放現貨產品的收益率序列也呈現尖峰厚尾的特徵，並不服從高斯分佈。Isenegger 和 Wyss（2010）借鑑廣義自迴歸條件異方差模型，探討了在風險中性條件下歐盟排放配額的定價機制問題。Chen 等（2014）採用帶隱馬爾科夫鏈的機制轉換跳躍擴散模型（RSJM 模型），來捕捉 BlueNext 的 EUA 現貨市場價格的波動聚集特徵以及現貨收益率因二氧化碳排放政策影響而呈現的動態性，並基於此模型對期貨期權價格進行了定價研究，發現該模型能夠很好地對 BlueNext 的 EUA 現貨市場價格進行定價。張建清等（2012）運用 Black-Scholes 模型，檢驗了中國碳排放權定價方式的選取，並發現中國碳排放權場外交易方式與合約能夠提高中國的碳排放權定價權。高楊和李健（2014）首先構建基於經驗模態分解-粒子群算法-支持向量機（EMD-PSO-SVM）的誤差校正預測模型，然後將該模型應用於 ICE 碳排放權期貨交易所的 CER 期貨（DEC12）與 EUA 期貨（DEC12）結算價格的日數據分析之中，發現構建的模型能夠提高國際碳金融價格的預測精度。

上述這些研究，都是從碳排放權市場自身的角度展開，並未研究其他資本市場與碳排放權市場之間的關係。實際上，作為國際資本市場之一，碳排放交易市場與其他市場之間的聯繫越來越緊密，且變得更加複雜，市場之間的風險傳染也日益顯現，這將為市場投資者帶來很大的投資風險。這方面的研究，如 Boersen 和 Scholtens（2014）採用門限 GARCH 模型研究了歐洲碳排放權市場與電力市場之間的關係。資本市場之間更多地存在複雜的非線性關係，而 Copula 函數則能夠捕捉到相依性，且能夠提高風險度量的精確性。鑑於此，國內外學者研究了與碳排放權市場有關的風險管理問題，如 Gronwald 等（2011）、Chevallier（2013）、汪文雋等（2011）、楊超等（2011）、劉紀顯等（2013）。儘管上述部分研究採用了 Copula 方法，但在高維情形下，傳統的 Copula 方法仍然不能精確地描述這一複雜的關係，而採用規則藤 Copula 方法則成為目前較為合適的一種方法。儘管如

此，這些研究仍然存在很多可以拓展的方向。

自2005年正式引入碳排放交易制度以來，碳排放交易市場得到了快速的發展，但也存在一定的不足。如果資本市場不成熟、不完善，那麼這些市場將會普遍存在結構的轉換特徵。同樣，在面臨外來衝擊時，碳排放交易市場也很容易出現市場結構的變化。在國外，Benz和Trück（2009）研究了EUA現貨市場具有狀態轉換結構的動態特徵。在國內，楊超等（2011）採用CER期貨價格數據，引入Markov機制轉換模型，並結合極值理論，通過計算VaR來度量國際碳排放交易市場的系統風險；劉維泉（2014）引入高波動和低波動狀態的二區制轉換隨機擴散模型，研究了歐盟碳排放配額的現貨和期貨的波動特徵。然而，這些研究僅僅採用了兩狀態的機制轉換模型。在碳排放交易市場上，市場常常出現三種狀態，即上漲狀態、盤整狀態和下跌狀態。鑒於此，吳恒煜等（2011）採用三狀態的機制轉換模型研究了歐洲氣候交易所核證減排量市場的結構特徵。考慮到碳排放交易市場在不同發展階段上很可能呈現出不同的結構特徵，本章繼續採用三狀態的機制轉換模型，並從收益率、殘差和波動率三個角度研究碳排放交易市場的結構特徵。

與上述研究相比，本章的研究主要存在兩方面不同。一方面，主要研究碳排放交易市場歐盟排放配額（EUA）現貨與期貨市場、核證減排量（CER）期貨市場的結構特徵，這是由於歐盟碳排放交易市場相對較為成熟，而研究具有代表性的市場能夠得到較為準確的結論；另一方面，選擇2010年1月4日—2014年6月30日的交易數據。選擇這一時間段，主要是由於這期間沒有發生如同美國次貸危機這樣的大事件，在一定程度上避免了極端事件對市場的衝擊而產生的影響，因為像金融危機這種極端事件所發生的概率相對正常情形要小一些。

5.2 基本模型與方法

5.2.1 AR-GARCH 模型

實證研究表明，ARCH 效應廣泛存在於金融時間序列。然而，Bollerslev（1986）提出的廣義自迴歸條件異方差模型（簡稱 GARCH 模型）更多應用於實際建模中，這是由於其能夠彌補 ARCH 模型的不足，例如較為準確地度量金融時間序列的非線性特徵。根據經驗研究，GARCH（1,1）過程可以用來擬合大部分金融時間序列。另外，考慮到時間序列存在的自迴歸過程（AR 過程），本章採用 AR（p）-GARCH（1,1）模型對收益率數據進行過濾，並運用極大似然參數估計方法來估計模型的參數。在學生 t 分佈的前提假設下，AR（p）-GARCH（1,1）模型可以表述為

$$r_{i,t} = c_i + \alpha_{i,1} \cdot r_{i,t-1} + \cdots + \alpha_{i,p} \cdot r_{i,t-p} + \varepsilon_{i,t}, \quad i = 1, 2, \cdots, n \tag{5-1}$$

$$h_{i,t} = \omega_i + \varphi_i \cdot \varepsilon_{i,t-1}^2 + \theta_i h_{i,t-1} \tag{5-2}$$

$$y_{i,t} = \varepsilon_{i,t} / \sqrt{h_{i,t}} \sim t(\eta_i) \tag{5-3}$$

式中，$r_{i,t}$ 為資產的收益率；p 為滯後階數；$y_{i,t}$ 服從均值為 0、方差為 1 的獨立同分佈過程；參數 ω_i，φ_i 和 θ_i 均為非負數，$\varphi_i + \theta_i$ 用來描述波動持續性特徵，且其值越接近於 1，越能夠說明模型的穩定性；$\sqrt{h_{i,t}}$ 為波動率；η_i 為自由度參數。

5.2.2 機制轉換模型

5.2.2.1 馬爾科夫鏈

馬爾科夫鏈是具有馬爾科夫性質的一個離散時間隨機過程，因而又被

稱為離散時間馬爾科夫鏈。在概率論中，如果在既定的當期狀態以及所有前期狀態的情況下，一個隨機過程在以後各期狀態的條件概率分佈均只依賴當期狀態，也即在既定的當期狀態下，該隨機過程同所有前期狀態是條件獨立的，那麼這個隨機過程就具有馬爾科夫性質。對於一個隨機變量序列，記 $s_t = i$ ($i = 1, 2, \cdots, n$) 表示在時刻 t 的狀態變量，且認為它是一個不可以觀測到的隨機變量。假若不同狀態之間的相互轉移是服從一個離散時間的 n 狀態的馬爾科夫過程，且狀態轉移概率為 $\Pr(S_t = j | S_{t-1} = i) = p_{ij}$（其中 $\sum_{j=1}^{n} p_{ij} = 1$），即在狀態 $S_{t-1} = i$ 發生的前提下，狀態 $S_t = j$ 發生的條件概率，也即經濟系統在時刻 $t-1$ 處於狀態 i 時，在下一時刻 t 轉換為狀態 j 的轉移概率。

5.2.2.2 馬爾科夫機制轉換模型

Hamilton (1989) 最早提出馬爾科夫機制轉換模型，並成功地將該模型應用到美國經濟週期的分析之中。此後，一些學者繼承並發展了該模型。Hamilton 和 Susmel (1994) 將馬爾科夫鏈引入 ARCH 模型，研究不同狀態下波動持續性特徵。對於一階 n 狀態的馬爾科夫機制轉換模型而言，其均值和方差表達式分別為

$$y_t - \mu_{s_t} = \varphi [y_{t-1} - \mu_{s_{t-1}}] + \sigma_{s_t} \varepsilon_t, \quad \varepsilon_t \sim N(0, \sigma_{s_t}^2) \quad (5-4)$$

$$\mu_{s_t} = \mu_1 S_{1t} + \mu_2 S_{2t} + \cdots + \mu_n S_{nt} \quad (5-5)$$

$$\sigma_{s_t}^2 = \sigma_1^2 S_{1t} + \sigma_2^2 S_{2t} + \cdots + \sigma_n^2 S_{nt} \quad (5-6)$$

式中，y_t 為時刻 t 的資產收益率；μ_{s_t} 為狀態 s_t 的收益率均值；$\{\varepsilon_t\}$ 服從正態分佈；$S_{nt} = \begin{cases} 1, & S_t = n \\ 0, & 其他 \end{cases}$。於是，轉換概率可以表示為

$$p_{ij} = \Pr(s_t = j | s_{t-1} = i), \quad i, j = 1, 2, \cdots, n \quad (5-7)$$

式中，$\sum_{j=1}^{n} p_{ij} = 1$。那麼，機制 j 的期望持續時間可以表示為 $1/(1 - p_{jj})$。此外，轉換概率矩陣為

$$P = \begin{bmatrix} p_{11} & \cdots & p_{1n} \\ \vdots & \ddots & \vdots \\ p_{n1} & \cdots & p_{nn} \end{bmatrix} \quad (5-8)$$

給定信息 ψ_{t-1}，y_t 的密度函數和對數似然函數表達式分別為

$$f(y_t|\psi_{t-1},S_t,S_{t-1}) = \frac{1}{\sqrt{2\pi\sigma_{S_t}^2}}\exp\left(-\frac{[(y_t-\mu_{S_t})-\varphi_1(y_{t-1}-\mu_{S_{t-1}})]^2}{2\sigma_{S_t}^2}\right) \quad (5-9)$$

$$\ln L = \sum_{t=1}^{T} \ln f(y_t|\psi_{t-1},S_t,S_{t-1}) \quad (5-10)$$

5.2.3 參數估計

在馬爾科夫機制轉換模型的參數估計方面，本章採用極大似然參數估計方法。主要參數估計方法的步驟如下。

第一步：設定一個初始值 $\Pr(s_0=j;\psi_t)$，$j=1,2,\cdots,k$。

第二步：當在時刻 t 時，計算聯合條件密度函數 $\Pr(y_t,s_t=j|\psi_{t-1},s_{t-1}) = \Pr(s_t=j|\psi_{t-1},s_{t-1}) \cdot f(y_t|s_t=j,\psi_{t-1},s_{t-1})$。

第三步：將第二步中的聯合條件密度函數的可能值相加，得到條件概率密度函數 $f(y_t|\psi_{t-1},S_t,S_{t-1})$。

第四步：計算條件概率密度函數的對數似然函數 $\ln L = \sum_{t=1}^{T}\ln f(y_t|\psi_{t-1},S_t,S_{t-1})$，然後最大化對數似然函數，獲得參數 ψ 的估計值 $\hat{\psi}$。如果時刻 $t=T$，那麼迭代就停止。否則，就需要進入下一步。

第五步：當在時刻 $t=t+1$ 時，計算概率 $\Pr(s_t=j|\psi_{t-1},s_{t-1}) = $ $\Pr(s_t=j|\psi_{t-1},s_{t-1}) = \dfrac{\Pr(y_t,s_t=j|\psi_{t-1},s_t,s_{t-1})}{f(y_t|\psi_{t-1},s_t,s_{t-1})}$。然後，將第四步得到的參數 ψ 的估計值 $\hat{\psi}$ 代入上式，並將其作為下一次循環的輸入值，且進入第二步。依次類推。

5.3 數據來源與實證研究

5.3.1 數據說明

碳排放交易市場是一個新興的貿易市場,其發展歷史不長,各種交易安排制度均有待於進一步完善。相對而言,歐盟碳排放交易市場經過了10多年的發展,相對比較成熟。因此,本章主要研究歐盟碳排放交易市場一級市場交易標的物 EUA 現貨市場和期貨市場、二級市場交易標的物 CER 期貨市場的狀態轉換結構特徵。鑒於大部分交易市場都採用產品的結算價進行交易,而結算價具有能夠穩定價格、避免大幅漲跌等特點,本章採用 EUA 現貨市場產品的結算價、EUA 和 CER 期貨市場產品的結算價(連續)的日序列數據。考慮到像美國次貸危機這類市場極端事件的影響,本章並未將 2007—2009 年全球金融危機階段的數據納入到研究數據範圍,而主要研究歐盟碳排放交易市場在相對平穩時期市場結構的特徵,這對於進一步完善該市場具有重要的參考意義。因而,本章的實際研究數據範圍為 2010 年 1 月 4 日—2014 年 6 月 30 日。剔除缺失數據、交易日不匹配的數據後,樣本量為 1,131 組。原始數據來源於 Wind 數據庫和歐洲能源交易所。在實際研究中,數據都採用公式 $r_t = 100 \cdot (\ln P_t - \ln P_{t-1})$ 進行處理。

圖 5-1 描述了三個市場產品價格的時間序列圖。從圖中可以看出:2011 年 5 月之前,碳排放交易市場產品價格的波動相對較穩定,主要是由於這一時期內,碳排放交易市場在相關政策下表現比較活躍,世界各國積極參與減排項目。然而,從 2011 年初開始,產品價格出現幾個月短暫的上升後持續下跌,幾乎呈現直線下跌的態勢,而 CER 價格更是跌到「冰點」,即從每噸十幾歐元下降到每噸不到一歐元。可以說,碳排放交易市場價格的暴跌,是存在一定的必然性的,並非一種偶然。出現這一特徵的

主要原因，是由於《京都議定書》規定的減排目標進入後期階段，碳排放交易市場在 2012 年所面對的政策動向尚不十分明確，加上世界經濟總體景氣程度不高，世界各國減排意願有所減弱，更關鍵的是，實際執行減排項目的企業對碳排放權需求減少。另外，長期以來，歐盟各國制訂的減排目標並不高，在市場上集聚著大量的碳排放配額 EUA 和核證減排量 CER 的供給，而市場需求卻不斷萎靡，這就造成了歐盟碳交易市場上的碳排放額度供大於求。碳排放額度供大於求，是價格下降的一個非常重要的原因。

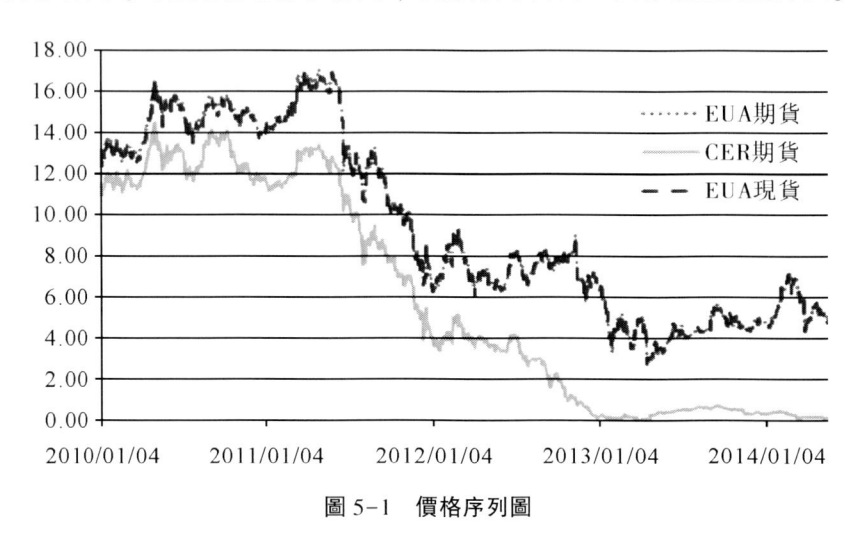

圖 5-1　價格序列圖

表 5-1 描述了碳排放交易市場產品調整的對數收益率序列特徵。根據結果顯示，三種市場產品都具有負的均值，且標準差比較大，這說明市場價格走低且市場波動性較大。其中，CER 期貨市場的波動性最大。與碳排放交易市場前一階段相比，市場在研究樣本期內的波動性增強，這更說明了市場的不穩定性。從偏度和峰度係數看，三個市場均出現負偏的、尖峰厚尾的特徵。其中，CER 期貨市場的峰度係數達到 64.066，而偏度係數為 -0.209,5。這一結果說明，市場存在極值風險的概率很大，尤其是 CER 期貨市場，這與市場交易者對 2012 年之後 CER 市場發展不明確有很大的關係。K-S 檢驗和 L-B 檢驗，分別用來檢驗收益率序列是否服從正態分佈和殘差是否存在自相關效應。根據表 5-1，兩種檢驗均在 0.05 的顯著性水準

上拒絕原假設，即收益率序列不服從正態分佈和殘差不存在自相關效應，這說明收益率序列非正態分佈特徵明顯，且存在自相關效應。圖 5-2 也顯示出收益率序列的非正態性特徵。上述結果，為本章構建 AR-GARCH-t 模型提供了可行性依據。

表 5-1　　　　　　　　　　描述性統計

變量	EUA 現貨	EUA 期貨(連續)	CER 期貨(連續)
均　　值	-0.070,4	-0.071,9	-0.377,8
標 準 差	3.591,6	3.664,0	8.728,9
偏　　度	-1.107,6	-1.219,4	-0.209,5
峰　　度	21.448	24.480	64.066
K-S 檢驗	(1,0.000,0)	(1,0.000,0)	(1,0.000,0)
L-B 檢驗	(1,0.001,0)	(1,0.000,0)	(1,0.000,0)

註：K-S 檢驗中，1 表示拒絕「服從正態分佈」的原假設；L-B 檢驗中，1 表示拒絕「殘差沒有自相關效應」的原假設；顯著性水準為 0.05。

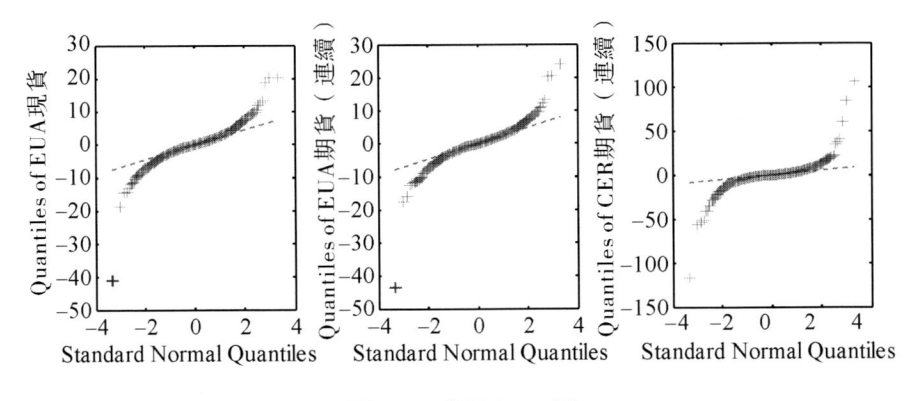

圖 5-2　收益率 QQ 圖

5.3.2　AR-GARCH 模型參數估計結果

從前文檢驗的結果得知，EUA 現貨市場和期貨市場、CER 期貨市場的收益率序列均服從非正態分佈，而採用學生 t 分佈可以在很大程度上對其進行擬合。因此，本章採用 GARCH 族模型來擬合三個市場收益率序列，並假設殘差服從學生 t 分佈。此外，本章用 AIC 和 BIC 準則來選擇最優模型，並運用極大似然參數估計方法來估計模型中的參數。AIC 和 BIC 值越小，說明模型能夠越好地擬合收益率序列。根據這一準則，AR（1）-GARCH（1，1）模型為最優的模型。因此，表 5-2 直接描述了 AR（1）-GARCH（1，1）-t 模型的參數估計結果。其中，顯著性水準為 0.05。

根據表 5-2 的結果顯示，GARCH（1）項的系數都比較大，並在 0.05 的水準上非常顯著，表明 EUA 現貨市場和期貨市場、CER 期貨市場三個市場均呈現出明顯的波動聚集現象，且尖峰厚尾的特徵也很顯著。市場的波動性特徵，也可以參見圖 5-3。圖 5-3 中，新息的波動聚集特徵和條件標準差的序列圖均能夠體現 GARCH 過程的動態變化特徵。另外，GARCH（1）項與 ARCH（1）項的系數之和均非常接近於 1[①]，這說明在已知的約束條件下，碳排放交易市場的波動持久性顯著，且 AR（1）-GARCH（1，1）模型比較穩定，也表明模型的選擇存在一定的合理性。根據自由度參數的值，EUA 現貨市場和期貨市場、CER 期貨市場都存在較大可能性的尾部風險，市場發生極端事件的概率也比較大。

[①] 表 5-2 中，GARCH（1）項和 ARCH（1）項的系數之和等於或者大於 1，是由於數值的四捨五入的結果。實際上，兩者的系數之和均小於 1，但非常接近於 1。

表 5-2　　AR（1）-GARCH（1，1）-t 模型參數估計結果

變量	EUA 現貨	EUA 期貨（連續）	CER 期貨（連續）
C	0.016,6 (0.281,7)	0.021,3 (0.342,8)	-0.107,1 (-1.532,8)
AR(1)	0.034,9 (1.147,7)	-0.016,7 (-0.543,0)	-0.065,1 (-2.111,9)
K	0.110,8 (2.572,9)	0.100,2 (2.459,6)	0.244,0 (3.303,5)
GARCH(1)	0.854,8 (16.209)	0.869,8 (44.632)	0.828,0 (42.140)
ARCH(1)	0.145,3 (5.769,1)	0.130,2 (5.615,5)	0.172,0 (6.359,6)
DoF	5.259,4 (7.536,0)	5.453,8 (7.042,5)	4.065,3 (8.447,6)
LLR	-2,711.5	-2,736.4	-3,120.6
AIC	5,435.1	5,484.8	6,253.1
BIC	5,465.3	5,515.0	6,283.3

註：括號中的數據為對應的 t 統計量的值。此處採用 AIC 和 BIC 準則來選擇最優模型，並運用極大似然參數估計方法估計模型中的參數。AIC 和 BIC 值越小，說明模型能夠越好地擬合收益率序列。顯著性水準為 0.05。

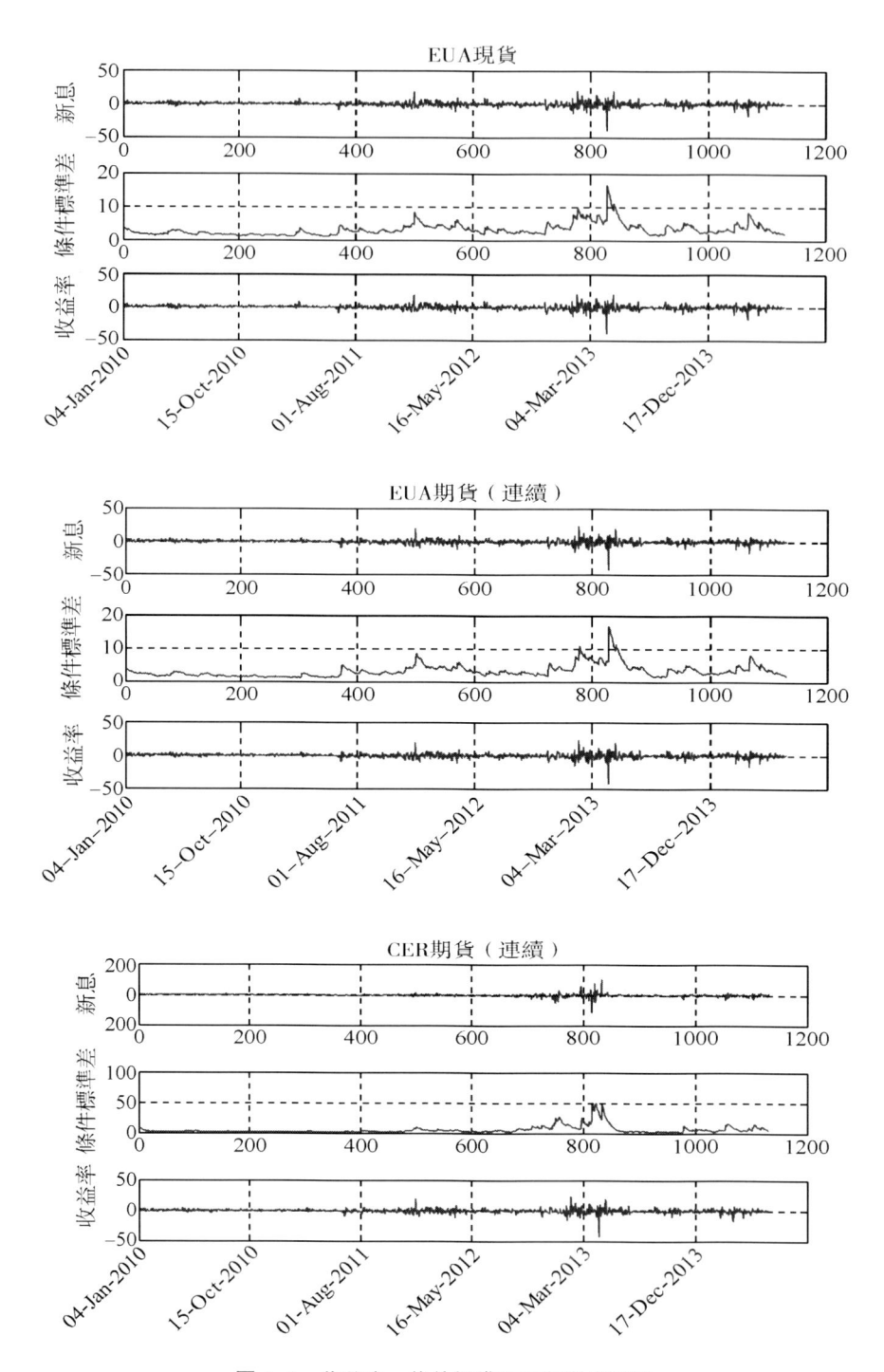

圖 5-3　收益率、條件標準差和新息序列圖

5.3.3 機制轉換模型參數估計結果

在碳排放交易市場上，產品價格序列的變化常常呈現三種波動狀態，即上漲狀態（狀態1）、盤整狀態（狀態2）和下跌狀態（狀態3）。因此，本章採用了三狀態 Markov 機制轉換模型，分別在 t 分佈和 GED 分佈的假設下，從收益率和殘差的角度來研究碳排放交易市場的狀態轉換結構特徵。根據結果顯示，在 t 分佈假設下的對數極大似然值均要大於 GED 分佈假設下的對數極大似然值。因此，本章主要分析 t 分佈假設下的實證研究結果。

從收益率的狀態轉換特徵看，EUA 現貨市場與期貨市場、CER 期貨市場在三種狀態下的轉換概率均相等，約為 0.80，即三個市場處在上漲狀態、盤整狀態和下跌狀態的期望持續期均為 5 天。一方面，EUA 現貨市場存在較為明顯的價格發現作用，能夠在很大程度上影響 EUA 期貨市場價格的走勢；另一方面，EUA 現貨市場價格在市場上起著市場主導作用，且具有一定的預測功能，對 CER 期貨市場價格具有一定的引導作用。在這種條件下，三個市場出現相似的狀態轉換結構特徵並非偶然，而更可能是一種必然。對於這一結論的可能形成原因，王軍鋒等（2014）也提供了一定的實證研究依據。

從殘差的狀態轉換特徵看，EUA 現貨市場與期貨市場、CER 期貨市場在狀態1下的轉換概率均較大，即三個市場在上漲狀態下的期望持續期均較長。EUA 現貨市場上，三種狀態的期望持續期存在很大的差異，其中 EUA 現貨市場在狀態1下的轉換概率最大，期望持續期最長，為 45.65 天，而狀態2和狀態3下的期望持續期相對非常短，分別為 1 天和 1.22 天。從這一特徵可以看出，EUA 現貨市場的上漲狀態更加容易使市場參與者對市場產生良好的預期，引起市場觀望者不斷地跟進。對於 EUA 期貨市場與 CER 期貨市場而言，兩個市場處於三種狀態上的轉換概率分別對應相

等，且每一種狀態下的期望持續時間也相等。其中，處於狀態1上的期望時間稍長一些。根據上述結果，這說明兩個市場的狀態轉換特徵趨同，處於某種狀態的期望持續時間幾乎一樣。

資本市場的波動變化特徵，其外在表現體現在價格或者收益率的波動上，而其內在根本原因是波動率的變化。然而，波動率是無法觀測到的。因此，本章通過AR（1）-GARCH（1,1）模型對碳排放權市場收益率進行過濾並得到波動率序列，然後分析波動率的狀態轉換特徵，以分析EUA現貨市場與期貨市場、CER期貨市場的狀態轉換的結構特徵。根據表5-3所示，EUA現貨市場與期貨市場、CER期貨市場在三種狀態下的轉換概率分別對應相等，且三個市場處在上漲狀態、盤整狀態和下跌狀態的期望持續期均為5天，這一結果確實與收益率的狀態轉換結構特徵相同。研究還發現，除上漲、盤整和下跌狀態自身之間的轉換概率外，碳排放權市場從市場盤整狀態和下跌狀態到上漲狀態的轉換概率比較小，說明這種狀態之間的轉換可能性很小，這與當時碳排放權市場面臨的發展環境有關，也意味著當市場處於某一狀態時，可以預計該市場將會在較長時間內處於該狀態下。

根據表5-3的結果，還顯示了不同狀態之間相互轉換的概率。從結果可以看出，對於三個市場而言，狀態1與狀態2、狀態2與狀態3、狀態3與狀態1之間相互轉換的概率都比較小，這說明市場狀態之間的轉換結構並不容易發生，也就印證了市場處於某一狀態的期望持久性。

表 5-3 機制轉換模型的參數估計結果①

	EUA 現貨				EUA 期貨（連續）				CER 期貨（連續）			
	收益率	殘差	波動率		收益率	殘差	波動率		收益率	殘差	波動率	
	t 分佈	t 分佈	t 分佈	GED 分佈	t 分佈	t 分佈	t 分佈	GED 分佈	GED 分佈	GED 分佈	t 分佈	GED 分佈
狀態 1												
$\mu 1$	−0.070,4	−0.009,5	3.167,0	1.212,1	−0.071,9	0.179,8	3.233,0	1.229,6	−0.377,8	0.305,1	−0.062,0	5.688,1
期望持續期	5.00	45.65	5.00	5.08	5.00	5.16	5.00	5.08	5.00	5.16	5.00	5.00
狀態 2												
$\mu 2$	0.070,4	4.775,3	−3.167,0	−3.146,0	0.071,9	−0.096,7	−3.233,0	−3.213,3	0.377,8	−0.278,1	0.062,0	−5.688,1
期望持續期	5.00	1.00	5.00	4.71	5.00	4.44	5.00	4.71	5.00	4.44	5.00	5.00
狀態 3												
$\mu 3$	−0.070,4	−0.935,5	3.167,0	4.039,3	−0.071,9	−0.175,7	3.233,0	4.126,5	−0.377,8	−0.728,0	−0.062,0	5.688,1
期望持續期	5.00	1.22	5.00	4.71	5.00	4.44	5.00	4.71	5.00	4.44	5.00	5.00
轉換概率												
P_{11}	0.80	0.98	0.80	0.80	0.80	0.81	0.80	0.80	0.80	0.81	0.80	0.80
P_{21}	0.10	0.00	0.10	0.10	0.10	0.10	0.10	0.10	0.10	0.10	0.10	0.10

表5-3(續)

	EUA 现货						EUA 期货（連續）						CER 期货（連續）					
	收益率		殘差		波動率		收益率		殘差		波動率		收益率		殘差		波動率	
	t分佈	GED分佈	t分佈	GED分佈	t分佈	GED分佈	t分佈	GED分佈	t分佈	GED分佈	t分佈	GED分佈	t分佈	GED分佈	t分佈	GED分佈	t分佈	GED分佈
P_{31}	0.10	0.10	0.02	0.10	0.10	0.10	0.10	0.10	0.10	0.10	0.10	0.10	0.10	0.10	0.10	0.10	0.10	0.10
P_{12}	0.10	0.11	0.19	0.10	0.10	0.11	0.10	0.11	0.13	0.10	0.10	0.11	0.10	0.10	0.13	0.10	0.10	0.10
P_{22}	0.80	0.79	0.00	0.80	0.80	0.79	0.80	0.79	0.77	0.80	0.80	0.79	0.80	0.80	0.77	0.80	0.80	0.80
P_{32}	0.10	0.10	0.81	0.10	0.10	0.10	0.10	0.10	0.10	0.10	0.10	0.10	0.10	0.10	0.10	0.10	0.10	0.10
P_{13}	0.10	0.11	0.82	0.10	0.10	0.11	0.10	0.11	0.13	0.10	0.10	0.11	0.10	0.10	0.13	0.10	0.10	0.10
P_{23}	0.10	0.10	0.00	0.10	0.10	0.10	0.10	0.10	0.10	0.10	0.10	0.10	0.10	0.10	0.10	0.10	0.10	0.10
P_{33}	0.80	0.79	0.18	0.80	0.80	0.79	0.80	0.79	0.77	0.80	0.80	0.79	0.80	0.80	0.77	0.80	0.80	0.80
LogL	-2,957.4	-2,383.2	-1,563.1	-2,334.9			-2,975.2	-2,408.8	-1,596.4	-2,353.6			-3,978.1	-1,682.0	-1,615.3	-3,730.7		

註：P 表示狀態之間的轉換概率；LogL 表示對數極大似然值。

① EUA 現貨收益率、EUA 現貨殘差、EUA 期貨收益率、EUA 期貨殘差，在 t 分佈和 GED 分佈假設下的轉換概率和期望持續期分別相等，但在 t 分佈下的對數極大似然值均較大，所以此表中僅列出 t 分佈假設下的結果。

5.3.4 狀態的識別與平滑概率分析

圖 5-4 描述了碳排放權市場在三種狀態上的平滑狀態概率。如果簡單地以 0.5 的概率作為臨界點，當市場處於某一狀態的概率大於 0.5 時，就

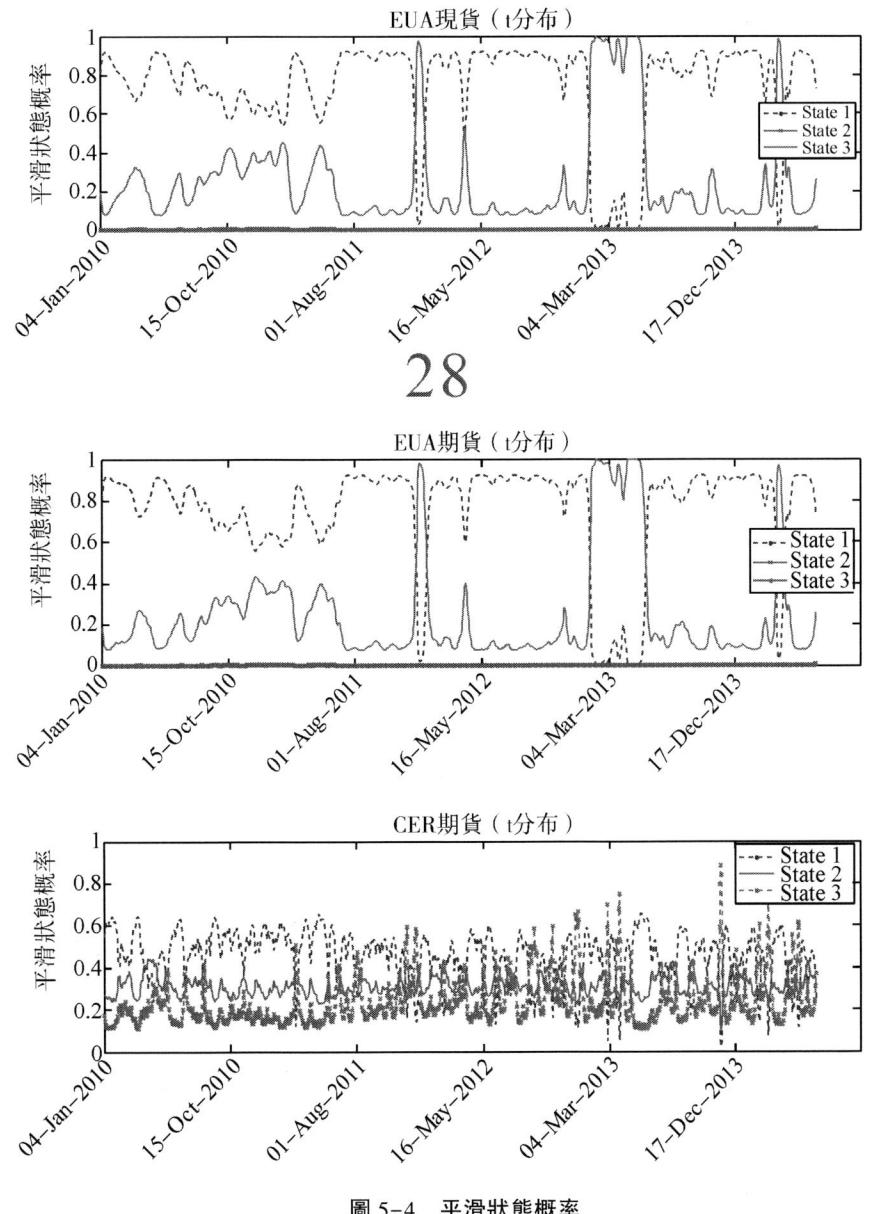

圖 5-4　平滑狀態概率

認為該市場處於這一狀態。於是，此處基本上可以粗略地判定，EUA 現貨市場基本上在 2012 年之前、2012 年 2 月至 2012 年 12 月、2013 年 7 月至 2014 年 2 月、2014 年 4 月之後都處於上漲狀態，而 2012 年 1 月、2013 年 1 月至 6 月、2014 年 3 月處於下跌狀態。

2013 年之前，儘管碳排放權市場在一些時間段出現了下跌的情形，但大體上仍處於非常活躍的狀態，市場交易需求量比較大，從而使該市場保持上漲狀態，這與歐盟為應對氣候變化而積極採用減排機制的政策密不可分。但 2012 年年末，《京都議定書》即將到期，碳排放權市場發展目標尚不十分明晰，對碳排放配額的需求量減少，造成了碳排放權價格的下跌，使該市場在 2013 年 1 月至 6 月期間一直處於下跌狀態。而在 2013 年 7 月，歐洲議會通過了歐盟碳排放交易體系的改革，即通過減少市場的碳排放配額來維持一定的碳排放支付價格，因為他們認為價格上漲對於減排機制的正常運行至關重要。這一改革計劃的通過，促使了碳排放配額價格的上漲，從而使碳排放權市場在 2013 年 7 月之後的較長時間內處於上漲狀態。

根據 EUA 期貨市場的平滑狀態概率圖可知，其狀態走勢基本與 EUA 現貨市場相似。主要原因是 EUA 現貨市場發展的歷史較長、制度較完善等，其在碳排放交易市場上起著市場主導的作用，且已經具有較為明顯的價格發現功能。因此，EUA 期貨市場的發展，受到 EUA 現貨市場很強的影響，其市場結構的狀態變化大體上趨同於 EUA 現貨市場。

CER 期貨市場也受到 EUA 現貨與期貨市場的影響，但其市場結構特徵還是有別於另外兩個市場。相比於其他兩個市場，CER 期貨市場經歷了更多次數的上漲狀態與下跌狀態之間的轉換，但每次處於下跌狀態的時間都不長，這在很大程度上說明 CER 期貨市場的結構出現較為頻繁的改變。出現這一特徵，可能的原因有兩個方面：一方面，CER 期貨市場發展歷史不長，本身還存在市場不成熟、交易體系不完善等缺陷，導致自身結構容

易受到不確定性因素的影響發生跳躍，從而市場結構頻繁發生改變；另一方面，在減排機制下，由於各國的國內環境存在差異、一些具體政策不明確、CDM（清潔發展技術）項目的減排量不同等，CER 市場面臨的外來擾動因素眾多，容易導致市場結構的變化。另外，只有 CER 期貨市場在某些時間段上短暫地表現出市場盤整的狀態。

5.4　本章小結

　　建立碳排放交易市場是採用經濟手段來解決氣候問題的重要途徑，其金融屬性的顯現有效地驅動著碳排放交易市場的發展。然而，新興的碳排放交易市場仍然不十分成熟，其市場結構容易受到不確定性因素的衝擊而發生變化。與其他資本市場類似，碳排放交易市場也存在上漲、盤整和下跌三種狀態。研究碳排放交易市場的狀態轉換結構特徵，不僅有助於完善市場制度，也有利於對該市場進行風險管理。鑒於此，本章選擇 2010 年 1 月 4 日—2014 年 6 月 30 日的 EUA 現貨價格、EUA 期貨價格（連續）和 CER 期貨價格（連續）的日數據，結合 AR-GARCH 與 Markov 機制轉換模型，從收益率、殘差和波動率三個角度研究 EUA 現貨市場與期貨市場、CER 期貨市場的波動聚集現象與結構轉換特徵。

　　主要研究結果如下：①碳排放交易市場收益率序列存在顯著的波動聚集的特徵，其分佈特徵也呈現尖峰厚尾的特點，這表明 EUA 現貨和期貨市場、CER 期貨市場都存在較大的尾部風險，市場發生極端事件的概率很大。②在碳排放交易市場的發展過程中，該市場的收益率序列、殘差序列、波動率序列都會呈現出明顯的不同狀態之間的轉換結構特徵。其中，在學生 t 分佈的條件下，歐盟碳排放交易市場在上漲狀態、盤整狀態和下跌狀態下的期望持續期都相等，大約為 5 天。③碳排放權市場從市場盤整

狀態和下跌狀態到上漲狀態的轉換概率比較小，說明當市場處於某一狀態時，可以預計該市場將會在較長時間內處於該狀態下。這一研究結果能夠為市場投資者提供一定的參考依據。一方面，根據市場所處上漲狀態以及該狀態的期望持續期，市場投資者可以選擇進入市場的最佳時機；另一方面，短期市場投資者也可以預測市場價格的走勢，選擇合適時機退出市場，以規避市場風險。

通過研究發現，《京都議定書》的有效期於 2012 年末到期，造成了碳排放交易市場顯現明顯的狀態轉換結構特徵。這表明，在不同發展階段，碳排放交易市場會發生結構變化。同時，新的減排政策的出抬也會給碳排放交易市場帶來很大的衝擊。因此，對於中國碳排放交易市場建立初期而言，由於市場不成熟、制度不完善，需要調整或者改變相關政策，但並不宜追求「重拳出擊」的大舉措，而只能是循序漸進地調整，這對中國碳排放交易市場的穩定運行至關重要。

自 2013 年 6 月 18 日中國首個碳排放交易所在深圳掛牌交易以來，已經有多個城市試點碳排放交易，這有利於促進中國碳排放權資源的有效配置。但目前，中國還沒有建立全國統一碳排放交易市場，且碳排放交易產品相對單一，無法使中國碳金融市場同國外碳排放交易市場相接軌。在未來，需要在相關政策的支持下穩步推進 CDM 項目，不斷開發更多的減排項目產品，這對於進一步完善中國碳排放交易市場具有很重要的意義。

由於受到不確定性因素的影響，市場價格經常出現不同程度的跳躍，也可能使市場結構發生突變。在小跳躍發生的情況下，採用 Markov 機制轉換模型來研究國際碳排放交易市場的狀態轉換結構具有較大的可行性。但在較大跳躍發生時，這就顯得有些不足。因此，在下一章研究中，將首先引入跳躍過程，研究國際碳排放交易市場的時變跳躍特徵，這可對進一步制定碳排放交易市場套期保值策略、資產定價等方面提供更為可信的結論。

6 碳排放交易市場的時變跳躍研究

6.1 引言

　　自 2005 年以來，歐盟碳排放交易體系經歷了 10 多年的發展，並於 2013 年 1 月 1 日開始進入第三階段。目前，該市場已經成為全球最大的碳排放交易市場，且發展相對比較成熟，但該市場仍然存在一系列問題。與其他資本市場類似，由於離散隨機事件時常發生，碳資產的價格也可能出現不同程度的跳躍。準確研究碳資產價格的跳躍特徵及其驅動因素，有利於碳排放權市場的風險管理、產品定價，且能夠為中國在設計碳排放交易機制上提供一定的經驗參考。

　　從經濟學角度來看，作為新興貿易市場之一的碳排放權市場在應對氣候變暖問題方面發揮著很大的作用，而歐盟碳排放交易體系則更不容忽視。無論是實務界還是學術界，都對碳排放交易市場制度的設計、產品價格等方面做出了很多積極的探討。在發展過程中，歐盟碳排放權市場經歷了三個階段。在每個階段上，歐盟對碳排放交易政策和目標都有所調整，致使碳排放配額的價格出現了不同程度的波動。近年來，受到全球金融危機、歐債危機等的衝擊，歐盟碳排放配額的價格更容易顯現更大的波動特徵。Bataller 和 Tornero（2009）基於被截的均值模型，研究碳排放交易市場價格受到管制與面臨時事要聞的情況下所呈現的波動特徵，並發現時事要

聞僅僅對新聞公布當日以及前幾天的碳排放交易產品價格產生影響，而對產品收益率的波動性卻不會產生影響。這項研究的優點，就在於用構建的被截的均值模型進行實證分析時不需要刻意考慮時間序列數據的跳躍特徵。事實上，與大多數金融時間序列一樣，碳排放權價格序列都可能存在不同程度的跳躍特徵。因此，引入跳躍過程來研究碳排放產品時間序列數據的特徵具有很強的現實意義。

就現有文獻來而言，大多數學者運用跳躍-擴散過程來研究碳排放權市場的跳躍特徵。Daskalakis 等（2009）引入跳躍-擴散過程實證研究了具有隨機行走特徵的碳排放現貨價格序列數據，發現碳排放交易市場的產品價格序列呈現出非連續的突變特徵，且這種特徵是不穩定的，同時碳排放收益率序列存在尖峰厚尾的特徵。更多相關研究，如 Frunza 和 Guegan（2010）運用跳躍-擴散過程和廣義雙曲分佈分析了二氧化碳排放權市場的非正態特徵，並解釋了其原因；同時，研究了碳期權的定價模型與套期保值策略。Borovkov 等（2011）探討了連續時間擴散模型和跳躍-擴散模型，並對引起碳排放配額跳躍的信息衝擊進行了建模，發現碳排放配額價格跳躍的鞅的動態性可以根據非線性偏微分方程（nonlinear partial differential equation）和偏積分微分方程（partial integro differential equation）來描述，且可以採用有限差分方法來研究離散化特徵。與上述研究不同，Chen 等（2011）將隱馬爾科夫鏈引入跳躍-擴散過程中，構建了機制轉換跳躍-擴散模型（regime-switching jump diffusion model，RSJM），以研究碳排放權市場的波動聚集特徵和 EUA 現貨收益率受碳排放政策改變而引起的動態性，即跳躍現象，研究發現所構建的 RSJM 模型能夠很好地對 EUA 期貨期權價格進行擬合。Chevallier 和 Sévi（2014）基於 Todorov 和 Tauchen（2010，2011）的 activity signature function framework 來研究碳期貨價格的高頻數據，以證明二氧化碳期貨價格的隨機過程存在許多大跳躍和小跳躍。這意味著，碳期貨價格過程應該構建適合的跳躍模型來研究，如中心化 Levy 過程

或泊松過程。

與上述跳躍過程不同，Chan 和 Maheu（2002）提出自迴歸跳躍強度模型（ARJI 模型），來研究股票市場收益率的跳躍特徵，發現股票市場存在顯著的條件條約強度的時變性以及跳躍幅度分佈的時變性，且樣本內和樣本外的條件跳躍動態性能夠很好地擬合股票市場上的波動特徵，這有利於捕捉到股市發生顯著下跌時的信號。此後，一些學者拓展了 ARJI 模型的應用研究。Zhang 和 Chen（2011）採用 ARJI（$-h_t$）-EGARCH 模型研究了國際石油價格對中國股票收益率的衝擊，發現中國股票市場呈現出時變跳躍的特徵，且中國股票收益率僅與世界油價期望到的波動率相關，與未期望到的波動率和消極的未期望到的波動率均沒有關係。Gronwald 和 Ketterer（2012）採用 ARJI-GARCH 模型來研究歐盟碳排放交易市場 EUA 期貨價格的時變跳躍特徵，發現碳價格方差的 40%~60% 來源於跳躍的影響，且 EUA 的供給信息與來自國際碳市場的資訊也是碳價格變化問題的重要因素。而 Sanin 等（2015）通過引入時變跳躍概率來研究歐盟碳排放配額第Ⅱ機制上的短期價格行為特徵，發現碳交易量的急遽增長驅使了 2005 年 4 月—2007 年 12 月碳價格的波動率的增加，但並不是 2008 年 1 月碳價格波動率的增加，且各種布告的發出誘發碳價格出現跳躍，而這些跳躍使碳價格在兩個階段上的波動率增加。Li 等（2015）採用 jump GARCH 模型研究國際上十個最大的房地產證券市場的跳躍特徵，並研究引起資產價格大改變的來源，發現大部分國際證券化房地產市場都呈現出跳躍動態特徵，且在危機與非危機時期都存在大的價格跳躍，並認為不同市場上跳躍的時變性同經濟和金融一體化程度有關，而與政治和社會一體化程度卻並沒有顯著的關聯。Chang（2012）進一步拓展了 ARJI-GARCH 模型的應用研究，即結合 Copula 函數和 ARJI-GARCH 模型，分析原油現貨與期貨市場之間的時變、不對稱相依結構，發現跳躍行為對於每一個市場都是一個十分重要的過程，且現貨市場與期貨市場的收益率呈現出不同的跳躍過程，同時

現貨市場與期貨市場之間的尾部相依具有時變性和非對稱性，即上尾部相依性稍弱於下尾部相依性。在國內，一些學者也基於 ARJI-GARCH 模型及其拓展形式進行了應用研究。謝赤等（2013）將馬爾科夫機制轉換過程引入自迴歸跳躍強度模型中，構建了 RS-ARJI 模型，以研究機制轉換條件下中國股市收益率的跳躍特徵，發現股市存在著高波動和低波動機制，且高波動機制下的跳躍幅度與強度、對股市收益率的衝擊程度都要強於低波動機制下的情形。

郭文旌等（2013）採用動態 jump-GARCH 模型，研究了在不同類型的重大事件發生時中國股市指數的跳躍特徵，發現政策性事件發生時的市場跳躍強度和幅度最大，但是其持續性和滯後性卻很弱，其次是經濟事件，而自然災害類事件發生時的市場跳躍強度和幅度最小，不過其持續性與滯後性卻是最大的。黃苺和唐齊鳴（2014）將可變強度跳躍-GARCH 模型進行拓展，構建了考慮外部狀態變量的門限效應條件的自迴歸強度跳躍-GARCH 模型，即 TSD-ARJI-GARCH 模型，並將其應用於中國上市公司股票市場的研究，以探討資產價格的平滑波動與大幅度跳躍的特徵，驗證模型對股票資產價格的跳躍行為特徵的辨別和預測能力。

隨著碳排放權市場的發展，其金融屬性更加凸顯。然而，相對於其他資本市場而言，碳排放權市場發展歷史不長，市場機制並不十分完善，碳資產價格容易受到市場上離散隨機事件的衝擊，並發生跳躍現象。從現有文獻看，國外學者大多引入跳躍-擴散過程及其拓展形式來研究碳排放權市場的跳躍特徵，僅 Gronwald 和 Ketterer（2012）採用 ARJI-GARCH 模型來展開研究。而從國內現有研究文獻來看，基於 ARJI-GARCH 模型的碳排放權市場價格時變跳躍特徵的研究更加鮮見，且沒有探討跳躍幅度與整個市場波動率、歷史波動率的敏感性問題。鑒於此，本章將選取 2010 年 1 月 4 日到 2014 年 12 月 31 日歐盟碳排放配額（EUA）現貨價格的日數據，並基於 ARJI 模型對碳資產價格進行以下三方面的研究：第一，構建常數跳

躍強度模型，分別研究歐盟排放交易體系的第二階段（2010—2012 年）、第三階段（2013—2014 年）以及整個樣本期的 EUA 收益率數據的跳躍行為特徵。第二，採用時變跳躍強度模型來研究歐盟碳排放權市場發生隨機跳躍的時變動態性。假設跳躍幅度的條件均值與方差都服從條件正態分佈，並設定條件均值與條件方差與前期資產收益率存在函數關係，分別構建 ARJI-R_t GARCH 模型和 ARJI-R_{t-1}^2 GARCH 模型來研究跳躍幅度及其方差是否對市場波動率存在敏感性。第三，構建 ARJI-h_t GARCH 模型，分析跳躍幅度的方差對 GARCH 波動率的敏感性。

與現有的研究相比，本章主要存在以下兩方面的不同：一方面，旨在研究歐盟排放交易體系下 EUA 現貨市場的時變跳躍特徵，分析現貨市場受到離散隨機事件衝擊後呈現的離散跳躍行為；另一方面，假設跳躍幅度具有條件動態性，採用 ARJI-R_{t-1}^2 GARCH 模型和 ARJI-h_t GARCH 模型分別研究跳躍幅度的方差對市場波動率和 GARCH 波動率的敏感性。這一研究，不僅拓展了 ARJI 模型在碳排放權市場上的應用研究，而且有利於分析歐盟碳排放權市場上資產價格的跳躍特徵及其驅動因素，更為設計中國碳排放交易機制提供借鑑意義。

6.2 模型與方法

6.2.1 ARJI-GARCH 模型

在資本市場上，金融資產價格時間序列大多都存在尖峰厚尾的現象，而引起這種現象的因素主要來源於市場上離散隨機事件的發生，這些離散隨機事件也造成了資產收益率的跳躍。考慮到 GARCH 模型能夠刻畫資產收益率的異方差特徵，並假設這種跳躍服從於 Poisson 過程，Chan 和 Maheu（2002）提出自迴歸條件跳躍強度模型，即 ARJI 模型。該模型的形

式可以表述為

$$R_t = \mu + \sum_{i=1}^{l} \varphi_i R_{t-i} + \sqrt{h_t} z_t + \sum_{k=1}^{n_t} Y_{t,k} \qquad (6-1)$$

其中，R_t 為在 t 時刻的資產收益率；μ、φ 均為待估計參數；h_t 為條件方差；z_t 為標準化的擾動項，是一個獨立同分佈過程，即 $z_t \sim NID(0,1)$；$Y_{t,k}$ 為在 t 時刻的條件跳躍幅度，且服從均值 θ_t、方差 δ_t^2 的正態分佈，即 $Y_{t,k} \sim N(\theta_t, \delta_t^2)$；$l$ 為滯後階數；n_t 為 $t-1$ 時刻到 t 時刻的跳躍次數。

為了考察條件波動率的動態性，假設條件方差 h_t 服從 GARCH(p, q) 過程，即

$$h_t = \omega + \sum_{i=1}^{q} \alpha_i \varepsilon_{t-i}^2 + \sum_{i=1}^{p} \beta_i h_{t-i} \qquad (6-2)$$

式中，$\varepsilon_t = R_t - \mu - \sum_{i=1}^{l} \varphi_i R_{t-i}$；$\omega$、$\alpha$、$\beta$ 均為待估計參數；p 和 q 均為滯後階數。

假設 n_t 為 $t-1$ 時刻到 t 時刻的跳躍次數，且服從 Poisson 過程，其跳躍強度為 $\lambda_t (\lambda_t > 0)$，於是概率密度函數可以表述為

$$P(n_t = j \mid \Phi_{t-1}) = \frac{e^{-\lambda_t} \lambda_t^j}{j!}, \ j = 0, 1, 2, \cdots \qquad (6-3)$$

式中，$\Phi_t = \{R_t, \cdots, R_1\}$，為 t 時刻的信息集。此處，假設條件跳躍強度 λ_t 具有時變性。如果 $\lambda_t = \lambda$，那麼上述模型就是常數跳躍強度模型。

實際研究發現，不僅僅是資產價格的波動率呈現出波動聚集的現象，資產價格的跳躍行為也同樣呈現出波動聚集的現象。因此，假設跳躍強度為常數，採用常數跳躍強度的跳躍擴散模型不能準確地捕捉到這兩類波動聚集的現象。於是，Chan 和 Maheu（2002）對跳躍強度 λ_t 進行了建模，並假設跳躍強度具有時變動態性。對於時變跳躍強度而言，t 時刻的跳躍強度 λ_t 依賴於前期的跳躍強度 λ_{t-j} 和前期的跳躍偏差 $\xi_{t-j}(j = 1, 2, 3, \cdots)$，且假設跳躍強度 λ_t 服從於 ARMA(r, s) 過程，即

$$\lambda_t = \lambda_0 + \sum_{i=1}^{r} \rho_i \lambda_{t-i} + \sum_{i=1}^{s} \gamma_i \xi_{t-i} \qquad (6\text{-}4)$$

式中，λ_0，ρ，γ 均為待估計參數，且 ρ 表明跳躍的持續性，γ 用來度量跳躍強度對歷史離散隨機事件衝擊的敏感性；r 和 s 均為滯後階數。另外，條件跳躍強度期望和偏差分別表述為

$$\lambda_t \equiv E[n_t \mid \Phi_{t-1}] \qquad (6\text{-}5)$$

和

$$\begin{aligned} \xi_{t-i} &\equiv E[n_{t-i} \mid \Phi_{t-i}] - \lambda_{t-i} \\ &= \sum_{j=0}^{\infty} j P(n_{t-i} = j \mid \Phi_{t-i}) - \lambda_{t-i} \end{aligned} \qquad (6\text{-}6)$$

然而，時變的跳躍幅度並不一定服從於 ARMA (r, s) 過程，更不能直接假定其分佈是正態的。在實證研究中，「跳躍幅度具有條件動態性」的設定，往往更具有普適性。因此，假設跳躍幅度的條件均值與條件方差是條件正態的，且與前期資產收益率存在函數關係。為了研究跳躍幅度的方差是否對市場波動率具有敏感性，構建 ARJI-R_{t-1}^2 模型，即

$$\theta_t = \eta_0 + \eta_1 R_{t-1} D(R_{t-1}) + \eta_2 R_{t-1} (1 - D(R_{t-1})) \qquad (6\text{-}7)$$

和

$$\delta_t^2 = \zeta_0^2 + \zeta_1 R_{t-1}^2 \qquad (6\text{-}8)$$

式中，$\begin{cases} D(x) = 1, & x > 0 \\ D(x) = 0, & 其他 \end{cases}$；$\eta_0$、$\eta_1$、$\eta_2$、$\zeta_0$、$\zeta_1$ 均為待估計參數。

如果跳躍幅度的方差對 GARCH 波動率也存在敏感性，則式（6-8）就可以改寫為：

$$\delta_t^2 = \zeta_0^2 + \zeta_1 h_t \qquad (6\text{-}9)$$

即 ARJI-h_t 模型。

6.2.2 參數估計

在給定的信息集 Φ_{t-1} 下，如果假定已觀測到的資產收益率 R_t 發生 j 次

跳躍的條件概率密度函數為 $f(R_t \mid n_t = j, \Phi_{t-1})$，那麼根據 Bayes 法則，資產在 t 時刻發生 j 次跳躍的事後概率為

$$P(n_t = j \mid \Phi_t) = \frac{f(R_t \mid n_t = j, \Phi_{t-1}) P(n_t = j \mid \Phi_{t-1})}{P(R_t \mid \Phi_{t-1})}, \quad j = 0, 1, 2, \cdots$$

(6-10)

在離散的情形下，資產收益率 R_t 的條件密度函數為

$$P(R_t \mid \Phi_{t-1}) = \sum_{j=0}^{\infty} f(R_t \mid n_t = j, \Phi_{t-1}) P(n_t = j \mid \Phi_{t-1}) \quad (6\text{-}11)$$

於是，似然函數和對數似然函數分別為

$$f(R_t \mid n_t = j, \Phi_{t-1}) = \frac{1}{\sqrt{2\pi(h_t + j\delta_t^2)}} \times \exp\left(-\frac{\left(R_t - \mu - \sum_{i=1}^{l} \varphi_i R_{t-i} - \theta j\right)^2}{2(h_t + j\delta_t^2)}\right)$$

(6-12)

和

$$L(\Theta) = \ln(f(R_t \mid \Phi_{t-1}; \Theta)) \quad (6\text{-}13)$$

最後，採用極大似然估計法最大化式（6-13），從而估計模型的參數。

6.3 數據來源與實證研究

6.3.1 數據說明

與美國、澳大利亞等國家的碳排放交易市場相比較而言，歐盟碳排放交易市場的發展歷史更長，交易制度也相對較完善，市場交易產品更具有顯著的金融屬性。在資本市場上，資產價格很容易受到市場上離散隨機事件的衝擊，並發生跳躍現象。為了研究碳排放權市場資產價格的跳躍行為，本章選取歐盟碳排放交易體系下一級市場上的歐盟碳排放配額（EUA）現貨價格的日交易數據，樣本期為 2010 年 1 月 4 日到 2014 年 12

月 31 日。剔除缺失數據後，樣本量為 1,260 個。在實際研究中，將採用經調整後的收益率序列，即 $R_t = 100 \cdot (\ln P_t - \ln P_{t-1})$，這也是大多數國內外學者採用的數據處理方法。原始數據來源於歐洲能源交易所。

圖 6-1 所示為價格（上）與收益率（下）的時間序列圖。根據圖 6-1，2011 年 5 月之前的樣本期內，碳排放交易市場 EUA 價格的波動相對較穩定，波動幅度相對較小。在這一時期內，儘管碳排放交易市場表現相對較為活躍，世界各國積極參與碳減排項目，然而市場價格並沒有出現較大幅度的跳躍。這之後，EUA 價格出現幾個月短暫的上升後持續下跌的特徵，且幾乎呈現直線下跌的態勢，跳躍現象趨於明顯。出現這一特徵的主要原因，是《京都議定書》規定的減排目標進入後期階段，碳排放交易市場在 2012 年所面對的政策動向並不十分明確，加上世界經濟總體景氣程度不高，世界各國減排意願均有所減弱，更為關鍵的是，實際執行減排項目的企業對碳排放權需求減少。另外，由於市場長期處於低迷的狀態，市場上碳排放交易額度的供給大於需求，也是造成碳排放交易價格下降的一個重要原因。在這種背景下，EUA 價格很容易受到外界離散隨機事件的影響而出現一定幅度的跳躍。當然，這些跳躍包括正向跳躍和負向跳躍。

自 2013 年 1 月 1 日起，歐盟碳排放交易步入第三階段。由於存在碳排放配額的過剩和市場供需失衡的現象，碳排放產品交易價格處於低位。在這一階段上，歐盟對碳排放權市場的政策有所調整，市場價格在 2013 年出現更大的跳躍，且出現明顯的波動聚集現象，波動幅度也顯著增加，這與 2013 年 12 月 10 日歐盟最終通過的「折量拍賣」（backloading）計劃有很大的關係。該計劃主要是將碳排放配額的拍賣時間推後，以期通過減少短期的碳排放配額供給來提升碳價。但是，該計劃經歷了多次討論和修改，給市場釋放了許多不確定性的信號，這就驅使碳市場價格呈現高跳躍的特徵。

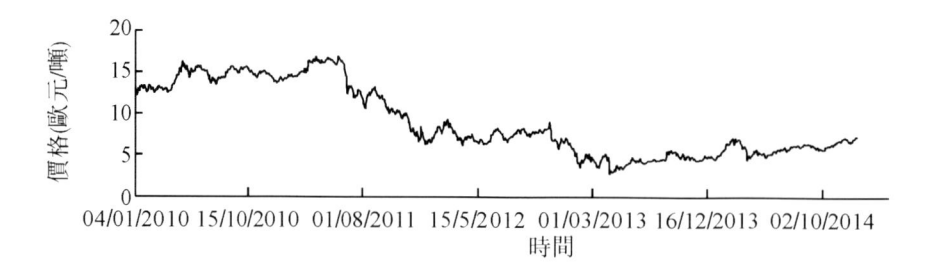

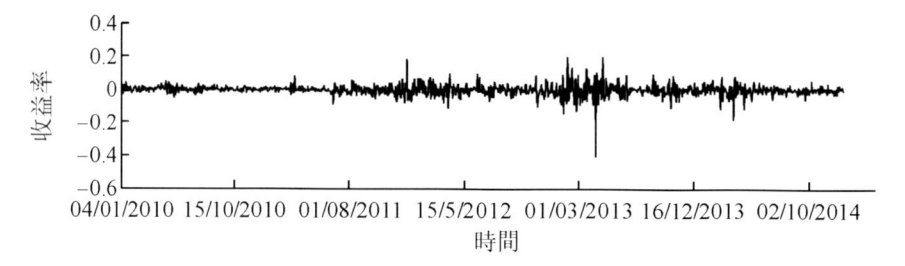

图 6-1 價格（上）與收益率（下）序列圖

6.3.2 實證研究與分析

6.3.2.1 描述性統計

由於整個樣本期跨越了歐盟碳排放交易機制的兩個階段，本章首先將全樣本（2010—2014 年）劃分為兩個子樣本（2010—2012 年、2013—2014 年）。考慮到本章要研究跳躍幅度的方差是否對市場波動率也具有敏感性，這裡也對收益率的平方做一些描述性的統計分析。表 6-1 給出了全樣本和兩個子樣本的統計分析結果。根據偏度和峰度係數發現，在整個樣本和第二個子字樣本期內，歐盟碳排放體系下的 EUA 現貨交易市場出現顯著的負偏特徵和尖峰現象，說明收益率序列的非正態性特徵比較明顯，而 K-S 檢驗的結果也提供了證據。L-B 檢驗的結果顯示，各序列都存在很強的自相關效應，這說明此處採用 GARCH 模型過濾收益率數據並得到歷史波動率序列具有一定的可行性，有利於刻畫序列的波動聚集特徵。

表 6-1　　　　　　　　　　　描述性統計

變量	均值	標準差	偏度	峰度	K-S 檢驗	L-B 檢驗
全樣本:2010—2014						
R	-0.042,9	3.454,0	-1.138,6	22.556	(1,0.000,0)	(1,0.000,0)
R^2	0.001,2	0.005,5	22.749	656.03	(1,0.000,0)	(1,0.000,0)
子樣本:2010—2012						
R_1	-0.084,3	2.653,9	0.311,8	7.733,5	(1,0.000,0)	(1,0.004,7)
R_1^2	7.041,0	18.216	10.443	173.73	(1,0.000,0)	(1,0.000,0)
子樣本:2013—2014						
R_2	0.019,4	4.394,0	-1.518,4	20.163	(1,0.000,0)	(1,0.000,0)
R_2^2	19.269	84.375	15.788	300.99	(1,0.000,0)	(1,0.000,0)

註：K-S 檢驗中，1 表示拒絕「服從正態分佈」的原假設；L-B 檢驗中，1 表示拒絕「殘差沒有自相關效應」的原假設；顯著性水準為 0.05。

6.3.2.2　常數跳躍強度模型參數估計

在資本市場上，離散隨機事件時有發生。由於這些隨機事件對市場產生的衝擊，資產收益率經常發生不同程度的跳躍。為了研究碳排放權市場資產價格的跳躍特徵，本章首先構建了常數跳躍強度模型。表 6-2 給出了常數跳躍強度模型的參數估計結果。一方面，此處對全樣本數據進行了常數跳躍強度模型的構建，並進行了參數估計；另一方面，考慮到《京都議定書》的有效期於 2012 年 12 月 31 日到期，歐盟碳排放交易第二階段結束，並隨後進入碳減排政策和目標不同的第三階段，本章分別對兩個子樣本進行碳排放權市場的跳躍特徵研究。分階段研究，可以對比分析不同階段上市場跳躍特徵的差異。

很明顯，資產價格發生跳躍的次數具有不確定性。但在實際研究中，本章的模型均假定最大的跳躍次數為 20，並採用 BFGS 算法來估計參數。從表 6-2 可以看出，三個樣本期的時間序列都具有很強的波動持久性。這表明，在碳排放交易市場 EUA 的收益率受到離散隨機事件的衝擊而發生異

常波動時，市場將會在一段時間內持續保持異常波動的狀態，而不能夠在較短的時間內消除這種波動。從跳躍幅度的標準差來看，在全樣本和第二個子樣本上，δ 在 10% 水準上是顯著的，這說明跳躍幅度的方差對 GARCH 波動率在 10% 水準上具有顯著的敏感性，而在第一個子樣本上的敏感性並不顯著。

表 6-2　　　　　　　　常數跳躍強度模型的參數估計結果

變量	全樣本：2010—2014	子樣本：2010—2012	子樣本：2013—2014
μ	0.033,4 (0.000,0)	-0.094,8 (0.216,2)	0.307,4 (0.004,6)
φ_1	0.005,1 (0.000,0)	0.025,0 (0.009,3)	-0.029,7 (0.537,1)
ω	0.090,6 (0.000,0)	0.048,6 (0.000,0)	0.000,0 (0.000,0)
α	0.117,4 (0.000,0)	0.148,4 (0.000,0)	0.144,3 (0.000,1)
β	0.861,1 (0.000,0)	0.836,4 (0.000,0)	0.831,5 (0.000,0)
δ	4.269,0 (0.077,3)	0.000,8 (0.995,3)	4.843,9 (0.000,1)
θ	8.577,0 (0.205,6)	0.005,3 (0.000,0)	-1.497,3 (0.105,4)
λ	0.002,6 (0.074,7)	0.001,3 (0.017,8)	0.205,6 (0.015,4)
LLF	-3,234.0	-1,788.5	-1,308.9
AIC	6,484.0	3,593.0	2,633.8
BIC	6,525.1	3,630.0	2,667.5

註：模型假定最大的跳躍次數為 20；括號中的數值為 P 值。

從跳躍強度來看，條件跳躍強度 λ 在兩個子樣本上存在較大的改變，即從 2010—2012 階段的 0.001,3 變化為 2013—2014 階段的 0.205,6，而整個樣本的跳躍強度為 0.002,6。這表明，在不同階段，碳排放權市場的跳躍存在動態的時變特徵，因而下一節採用時變跳躍強度模型來進行相關研

究具有一定的合理性。

6.3.2.3 ARJI 模型參數估計結果

考慮到市場發生隨機跳躍的時變動態性，本章構建自迴歸跳躍強度模型，即 ARJI 模型，並採用 AIC 信息準則來選擇最優的滯後階數。同時，此處假設跳躍幅度的條件均值與條件方差服從條件正態分佈，並設定條件均值與條件方差與前期資產收益率存在函數關係，構建 ARJI-R_{t-1}^2 GARCH 模型。此外，本章也嘗試研究跳躍幅度的方差是否對市場波動率存在敏感性，而構建 ARJI-h_t GARCH 模型。表 6-3 給出了各模型的參數估計結果。

表 6-3　　　　　　　　　ARJI 模型的參數估計結果

變量	常數跳躍強度 GARCH 模型	ARJI-R_t GARCH 模型	ARJI-R_{t-1}^2 GARCH 模型	ARJI-h_t GARCH 模型
μ	0.033,4 (0.000,0)	0.024,7 (0.736,8)	0.018,8 (0.813,6)	0.018,8 (0.000,0)
φ_1	0.005,1 (0.000,0)	-0.000,4 (0.988,4)	0.000,1 (0.744,9)	0.000,1 (0.000,0)
φ_2			-0.000,1 (0.000,0)	-0.000,1 (0.000,0)
ω	0.090,6 (0.000,0)	0.093,9 (0.000,0)	0.086,1 (0.000,0)	0.084,3 (0.000,0)
α	0.117,4 (0.000,0)	0.109,4 (0.000,0)	0.102,6 (0.000,0)	0.100,7 (0.000,0)
β	0.861,1 (0.000,0)	0.864,3 (0.000,0)	0.870,2 (0.000,0)	0.884,1 (0.000,0)
ζ_0	8.577,0 (0.205,6)	5.105,7 (0.001,0)	6.718,2 (0.000,1)	3.801,2 (0.082,1)
ζ_1			1.635,1 (0.000,0)	0.378,4 (0.000,0)
η_0	4.269,0 (0.077,3)	3.275,5 (0.433,7)	0.402,8 (0.550,2)	1.989,8 (0.278,0)
η_1			0.024,8 (0.000,0)	-0.743,8 (0.000,0)

表6-3(續)

變量	常數跳躍強度 GARCH 模型	ARJI-R_t GARCH 模型	ARJI-R_{t-1}^2 GARCH 模型	ARJI-h_t GARCH 模型
η_2			0.006,9 (0.000,0)	-0.761,7 (0.000,0)
λ_0	0.002,6 (0.074,7)	0.002,5 (0.079,0)	0.002,6 (0.098,7)	0.002,6 (0.078,3)
ρ		0.315,7 (0.000,0)	0.710,2 (0.000,0)	0.584,0 (0.000,0)
γ		0.042,9 (0.000,0)	0.066,5 (0.000,0)	0.702,1 (0.000,0)
LLF	-3,234.0	-3,230.9	-3,229.3	-3,227.0
AIC	6,484.0	6,481.8	6,486.6	6,482.0
BIC	6,525.1	6,533.2	6,558.5	6,553.9

註：模型假定最大的跳躍次數為20；括號中的數值為P值。

根據四個模型中的 LLF 值容易發現，引入動態跳躍強度的 ARJI-R_t GARCH 模型、ARJI-R_{t-1}^2 GARCH 模型、ARJI-h_t GARCH 模型均優於常數跳躍強度 GARCH 模型的擬合效果，這表明引入跳躍並構建時變跳躍強度模型來研究碳排放權市場具有一定的合理性。另外，在三種時變跳躍強度模型中，ARJI-R_t GARCH 模型擬合效果更佳，卻無法描述跳躍強度與市場波動率、GARCH 波動率之間的敏感性。根據 λ_0 可知，條件跳躍強度在 10%的水準上顯著，但在 5%的水準上不顯著。儘管如此，此處仍然認為資產價格的時變跳躍特徵不能忽略，且這種跳躍與整個市場的波動率、GARCH 波動率之間均存在一定程度上的敏感性。根據參數 ζ_1 可知，其敏感度分別為 1.635,1 和 0.378,4。

在時變跳躍強度中，參數 ρ 的值在 1%的水準上顯著，表明碳排放權市場的時變條件跳躍強度具有一定的持續性，說明碳資產價格受到離散隨機事件的衝擊而產生的跳躍在很短時間內消除是不容易的。但實際上，跳躍的持久性也只是一種可能性。就 ARJI-R_t GARCH 模型而言，參數 ρ 的值

为 0.315,7，說明碳排放權市場上此一時刻的強（或弱）跳躍在下一時刻仍然呈現強（或弱）跳躍的概率是 31.57%。事實上，在無條件下，即在常數跳躍強度的條件下，跳躍具有不規律性。在運用 ARJI-R_t GARCH 模型進行實證分析中，無條件跳躍強度為 0.003,7，這與常數跳躍強度 GARCH 模型中的結果（0.002,6）有些接近。①

另外，根據跳躍強度對歷史離散隨機事件衝擊的敏感度系數 γ 值可知，敏感度僅為 0.042,9，說明碳排放權市場上歷史離散隨機事件所產生的影響程度較小，事件的衝擊並不存在持久性，這與近年來歐盟碳排放權市場的活躍度有很大的關係。儘管歐盟提出了一些碳排放交易體系結構性的改進措施，如推行「折量拍賣」(backloading) 計劃、提高碳減排目標與年度減排系數等，但仍然沒有在較大程度上提升市場的活躍度。其主要原因可能在於以下幾個方面：第一，歐洲經濟增長乏力，對碳排放配額的需求降低。在較長時期內，歐盟經濟都處於全球金融危機和歐洲債務危機的陰霾下，增長乏力，從而減少了對碳排放配額的需求，降低了歐盟碳排放交易的活躍度。第二，碳減排力度不強，配額總量過剩。在歐盟碳排放機制進入第二階段時，歐盟制訂了能源氣候一攬子計劃，量化了溫室氣體減排目標和能源消耗比例。儘管歐盟實現了所制訂的相關目標，但由於碳減排力度不強，積聚了大量的碳排放配額，這嚴重削弱了後期市場的活躍度。第三，歐盟面臨嚴重的「碳泄漏」現象。歐盟擁有先進的碳減排技術和較高的減排效率，為了達到既定的減排目標，存在大量的產業轉移現象，即歐盟將高碳排放的產業或工業活動轉移到其他區域，這就產生了「碳泄漏」。「碳泄漏」現象的出現，減少了歐盟對碳排放的需求，造成了歐盟碳排放配額的過剩，也致使碳配額交易市場低迷。

實際上，從歐盟碳排放配額的嚴重過剩這一現象來看，歐盟碳排放交易機制存在一定的缺陷，即調節機制不靈活。目前，歐盟市場自身難以消

---

① 在時變條件跳躍強度 ARJI-GARCH 模型中，無條件跳躍強度 $\lambda_t = \lambda_0/(1-\rho)$。

化掉過剩的配額。為了緩解過剩配額的壓力，維持碳排放交易市場的健康運行，歐盟進一步推行「折量拍賣」計劃並於 2021 年開始實行「市場穩定儲備」機制，以期在較大程度上緩解碳排放配額的過剩問題。尤其是「市場穩定儲備」機制，能夠提高歐盟碳排放交易體系市場調節機制的靈活性，提升碳排放權市場應對外界衝擊的自我調控能力。

6.4　本章小結

在資本市場上，離散隨機事件的發生，會給不同的資本市場帶來不同程度的衝擊，造成資產價格的異常波動，甚至出現較大幅度的跳躍。很多實證研究也表明，資本市場存在跳躍。隨著碳排放交易市場的不斷發展，市場呈現出越來越明顯的金融屬性。於是，碳排放交易市場也就可能出現與其他資本市場相類似的跳躍特徵。尤其是近年來，受到全球金融危機、歐債危機等的影響，碳排放交易市場的價格更容易呈現出異常波動和跳躍的現象。歐盟碳排放交易市場，是當前世界上發展最成熟的碳排放交易市場。儘管如此，其仍然存在一系列的問題，市場價格也可能發生跳躍。因此，研究歐盟碳排放權市場上資產價格的跳躍特徵，不僅有利於瞭解碳排放交易市場在不斷發展過程中呈現的特徵，更有利於中國在設計碳排放交易機制上得到一定的經驗參考。

一些研究也表明，歐盟碳排放權市場確實存在跳躍的現象。基於碳資產價格序列存在的跳躍特徵，本章旨在進一步探討受到離散隨機事件的衝擊時歐盟碳排放權市場是否呈現出時變跳躍的行為。於是，本章選取 2010 年 1 月 4 日到 2014 年 12 月 31 日歐洲氣候交易所歐盟碳排放配額（EUA）現貨價格的日數據，採用 ARJI 模型對碳資產價格的時變跳躍行為特徵進行研究。首先，構建常數跳躍強度模型，分別研究不同發展階段上 EUA 收

益率數據的跳躍行為。研究結果表明：碳排放交易市場 EUA 的收益率發生了異常波動，且這種異常波動的狀態將會保持一段時間；在不同階段，EUA 現貨市場的跳躍強度存在一定的差異，市場跳躍行為呈現出動態的時變性，其中歐盟排放交易機制第三階段上的跳躍強度要明顯強於第二階段。然後，假設跳躍幅度具有條件動態性，分別運用 ARJI-R_t GARCH 模型和 ARJI-R_{t-1}^2 GARCH 模型來研究跳躍幅度及其方差是否對市場波動率存在敏感性，採用 ARJI-h_t GARCH 模型來分析跳躍幅度的方差對 GARCH 波動率是否具有敏感性。實證研究發現，引入動態跳躍強度的 ARJI-R_t GARCH 模型、ARJI-R_{t-1}^2 GARCH 模型、ARJI-h_t GARCH 模型，均優於常數跳躍強度 GARCH 模型；碳資產價格的時變跳躍特徵不能忽略，其跳躍強度的持久度為 0.315,7，即市場上此一時刻的強（或弱）跳躍在下一時刻仍然呈現強（或弱）跳躍的概率；同時，這種跳躍與整個市場的波動率、GARCH 波動率之間都存在顯著的敏感性，其敏感系數分別為 1.635,1 和 0.378,4。此外，歷史離散隨機事件對碳排放交易市場產生的影響程度較小，敏感度僅為 0.042,9，且事件的衝擊不存在顯著的持久性。

研究結果發現，歐盟碳排放交易市場的收益率序列確實呈現出時變跳躍的特徵，這為進一步引入跳躍過程來研究碳排放交易市場的定價問題提供了一定的理論基礎。儘管本章研究了歐盟碳排放交易市場產品價格的時變跳躍行為特徵，但並未進一步討論引起這些跳躍的驅動因素。因此，未來研究可以引入更多的市場因素來進行這一拓展，如將其他市場收益率引入自迴歸跳躍強度模型中。此外，正如前一章的研究結果所述，碳排放交易市場上存在不同的狀態，這些狀態之間存在不同程度的轉換概率，且也可能存在動態性的特徵。鑒於此，在跳躍幅度具有條件動態性的情形下，還可以引入 Markov 機制轉換過程，研究狀態轉換結構下碳排放交易市場的跳躍行為，探討不同狀態結構下跳躍行為對碳排放交易市場的衝擊效應，這將是一個有意義的研究方向。此外，另一個值得深入探討的方向，就是

可以引入 Levy 狀態空間模型，研究碳排放交易市場的動態波動率和無窮跳躍特徵，這將為碳金融資產的定價提供一定的理論參考。

　　作為《京都議定書》簽約國之一，中國在 2012 年成為全球第一大碳排放交易產品的供應國，並於 2013 年 6 月 18 日在深圳建立了第一個碳排放交易所。隨後，中國碳交易發展迅速。截至 2014 年 5 月 23 日，中國碳交易市場已經發展成為當今世界第二大碳交易市場。但由於發展時間極其短暫，中國的碳排放交易市場正處於發展的起始階段，更容易受到市場本身、外界隨機事件的衝擊，尤其是天氣等因素的影響。因此，中國在發展碳排放交易市場時，一方面應該盡量保持相關政策的穩定性，穩步推進市場發展，減少市場本身所產生的非系統性風險，例如制訂一定週期的階段性政策目標；另一方面可以研發並交易更多的碳金融產品，這有利於抵禦外部離散事件的衝擊帶來的系統性風險，例如推出更多不同到期日的期貨產品、建立碳排放權儲備等。

參考文獻

[1] AAS K, CZADO C, FRIGESSI A, et al. Pair-copula constructions of multiple dependence [J]. Insurance, mathematics and economics, 2009 (44): 182-198.

[2] ACAR E F, GENEST C, NESLEHOVA J. Beyond simplified pair-copula constructions [J]. Journal of multivariate analysis, 2012 (110): 74-90.

[3] AKAIKE H. Information theory and an extension of the likelihood ratio principle [M] // PETROV B N. Proceedings of the second international symposium of information theory. Budapest: Akademiai Kiado, 1973: 257-281.

[4] AKGIRAY V, BOOTH G G. Mixed jump-diffusion process modeling of exchange rate movements [J]. Review of economics and statistics, 1988, 70 (4):631-637.

[5] ALBEROLA E, CHEVALLIER J, CHèZE B. Price drivers and structural breaks in European carbon prices 2005-2007 [J]. Energy policy, 2008, 36 (2):787-797.

[6] ALBEROLA E, CHEVALLIER J. European carbon prices and banking restrictions: evidence from phase I (2005-2007) [J]. The energy journal, 2009, 30 (3): 51-80.

[7] ALBEROLA E, CHEVALLIER J, CHèZE B. The EU emissions trading scheme: the effects of industrial production and CO_2 emissions on Europe-

an carbon prices [J]. International economics, 2009 (116): 93-126.

[8] ALLEN D E, ASHRAF M A, MCALEER M, et al. Financial dependence analysis: applications of vine copulae [R]. Working paper, 2013.

[9] ALSINA C, NELSEN R B, SCHWEIZER B. On the characterization of a class of binary operations on distribution functions [J]. Statistics & probability letters, 1993 (17): 85-89.

[10] ANDREWS D W K. Testing when a parameter is on the boundary of the maintained hypothesis [J]. Econometrica, 2001 (69): 683-734.

[11] ANDREWS D W K, PLOBERGER W. Optimal tests when a nuisance parameter is present only under the alternative [J]. Econometrica, 1994 (62): 1383-1414.

[12] ANDREWS D W K, SOARES G. Inference for parameters defined by moment inequalities using generalized moment selection [J]. Econometrica, 2010 (78): 119-157.

[13] ANé T, URECHE-RANGAU L. Stock market dynamics in a regime-switching asymmetric power GARCH model [J]. International review of financial analysis, 2006, 15 (2): 109-129.

[14] ANTWEILER W, COPELAND B R, TAYLOR M S. Is free trade good for the environment? [J]. American economic review, 2001, 91 (4): 877-908.

[15] BALL C A, TOROUS W N. A simplified jump process for common stock returns [J]. Journal of financial and quantitative analysis, 1983, 18 (1): 53-65.

[16] BATALLER M M, CHEVALLIER J, HERVé-MIGNUCCI M, et al. The EUA-sCER spread: compliance strategies and arbitrage in the European carbon market [R]. Mission Climat Working Paper No. 2010-6, 2010.

[17] BATALLER M M, TORNERO A P. Impacts of regulatory announcements on CO_2 prices [J]. The journal of energy markets, 2009, 2 (2): 1-33.

[18] BEARE B K. Copulas and temporal dependence [J]. Econometrica, 2010, 78: 395-410.

[19] BEARE B K, SEO J. Vine copula specifications for stationary multivariate Markov chains [R]. Working paper, 2014.

[20] BEDENDO M, COMPOLONGO F, JOOSSENS E, et al. Pricing multiasset equity options: how relevant is the dependence function? [J]. Journal of banking & finance, 2010, 34 (4): 788-801.

[21] BEDFORD T, COOKE R M. Probability density decomposition for conditionally dependent random variables modeled by vines [J]. Annals of mathematics and artificial intelligence, 2001, 32 (1-4): 245-268.

[22] BEDFORD T, COOKE R M. Vines - a new graphical model for dependent random variables. Annals of Statistics [J]. Annals of statistics, 2002, 30 (4): 1031-1068.

[23] BEN-DOR E, KRUSE F A. Detection of atmospheric gases using GER 63 channel scanner data acquired over Makhtesh Ramon, Negev, Israel [J]. International journal of remote sensing, 1996, 17 (6): 1215-1232.

[24] BENNETT M N, KENNEDY J E. Quanto pricing with copulas [J]. Journal of derivatives, 2004, 12 (1): 26-45.

[25] BERG D. Copula goodness-of-fit testing: an overview and power comparison [J]. European journal of finance, 2009 (15): 675-701.

[26] BERG D, BAKKEN H. A copula Goodness-of-fit approach based on the conditional probability integral transformation [R]. Working paper, 2007.

[27] BENZ E, KLAR J. Price discovery and liquidity in the European CO_2 futures market: an intraday analysis [R]. AFFI/EUROFIDAI, Paris December

2008 Finance International Meeting AFFI-EUROFIDAI, 2008.

[28] BENZ E, TRÜCK S. Modeling the price dynamics of CO_2 emission allowances [J]. Energy economics, 2009, 31 (1): 4-15.

[29] BETZ R, SEIFERT S, CRAMTON P, et al. Auctioning greenhouse gas emissions permits in Australia [J]. Australian journal of agricultural and resource economics, 2010 (54): 219-238.

[30] BIBINGER M, WINKELMANN L. Econometrics of co-jumps in high-frequency data with noise [J]. Journal of econometrics, 2015, 184 (2): 361-378.

[31] BOERSEN A, SCHOLTENS B. The relationship between European electricity markets and emission allowance futures prices in phase II of the EU (European Union) emission trading scheme [J]. Energy, 2014, 74 (1): 585-594.

[32] BOLLERSLEV T. Generalized autoregressive conditional heteroskedasticity [J]. Journal of economics, 1986, 31 (3): 307-327.

[33] BOROVKOV K, DECROUEZ G, HINZ J. Jump-diffusion modeling in emission markets [J]. Stochastic models, 2011, 27 (1): 50-76.

[34] BOUBAKER H, SGHAIER N. Portfolio optimization in the presence of dependent financial returns with long memory [J]. Journal of banking & finance, 2013, 37 (2): 361-377.

[35] BREDIN D, HYDE S, MUCKLEY C B. A microstructure analysis of the carbon finance market [R]. UCD School of Business Working Paper Series, 2011.

[36] BRECHMANN E C, CZADO C, AAS K. Truncated regular vines in high dimensions with application to financial data [J]. The canadian journal of statistics, 2012, 40 (1): 68-85.

[37] BRECHMANN E C, SCHEPSMEIER U. Modeling dependence with C- and D-vine copulas: the R-package CDVinc [J]. Journal of statistical software, 2013, 52 (3): 1-27.

[38] BREYMANN W, DIAS A, EMBRECHTS P. Dependence structures for multivariate high-frequency data in finance [J]. Quantitative finance, 2003 (3): 1-16.

[39] BUSETTI F, HARVEY A. When is a copula constant? a test for changing relationships [J]. Journal of financial econometrics, 2011, 9 (1): 106-131.

[40] CAI J. A Markov model of switching- regime ARCH [J]. Journal of business & economic statistics, 1994, 12 (3): 309-316.

[41] CAPERAA P, FOURGERES A L, GENEST C. A nonparametric estimation procedure for bivariate extreme value copulas [J]. Biometrika, 1997, 84 (3): 567-577.

[42] CARMONA R, FEHR M, HINZ J. Optimal stochastic control and carbon price formation [J]. SIAM Journal on control and optimization, 2009, 48 (4):2168-2190.

[43] CARMONA R, FEHR M, HINZ J, et al. Market designs for emissions trading schemes [J]. SIAM Review, 2010, 52 (3): 403-452.

[44] CARMONA R, HINZ J. Risk-neutral models for emission allowance prices and option valuation [J]. Management science, 2011, 57 (8): 1453-1468.

[45] CARR P, GEMAN H, MADAN D B. The fine structure of asset returns: an empirical investigation [J]. The journal of business, 2002, 75 (2): 305-335.

[46] CARR P, WU L. The finite moment log stable process and option pri-

cing [J]. Journal of finance, 2003, 58 (2): 753-777.

[47] CARR P, WU L. Time-changed levy processes and option pricing [J]. Journal of financial economics, 2004, 71 (1): 113-141.

[48] CETIN U, VERSCHUERE M. Pricing and hedging in carbon emissions markets [J]. International journal of theoretical and applied finance, 2009, 12 (7): 949-967.

[49] CHAN N H, CHEN J, CHEN X, et al. Statistical inference for multivariate residual copula of GARCH Models [J]. Statistica sinica, 2009 (19): 53-70.

[50] CHAN J C C, KROESE D P. Efficient estimation of large portfolio loss probabilities in t-copula models [J]. European journal of operational research, 2010, 205 (2): 361-367.

[51] CHAN W H, MAHEU J M. Conditional jump dynamics in stock market returns [J]. Journal of business and economic statistics, 2002, 20 (3): 377-389.

[52] CHANG K. The time varying and asymmetric dependence between crude oil spot and futures markets: evidence from the mixture copula-based ARJI-GARCH model [J]. Economic modelling, 2012, 29 (6): 2298-2309.

[53] CHEN S N, LIN S K, LI C Y. Pricing derivatives with modeling CO_2 emission allowance using a regime switching jump diffusion model: with regime-switching risk premium [R]. Working paper, 2014.

[54] CHEN X, FAN Y. Pseudo-Likelihood Ratio Tests for Model Selection in Semiparametric Multivariate Copula Models [J]. The canadian journal of statistics, 2005 (33): 389-414.

[55] CHEN X, FAN Y. Estimation and model selection of semiparametric copula-based multivariate dynamic models under copula misspecification [J].

Journal of econometrics, 2006 (135): 125-154.

[56] CHEN X, FAN Y. Semiparametric estimation of copula-based time series models [J]. Journal of econometrics, 2006 (130): 307-335.

[57] CHEN X, FAN Y. Model selection test for bivariate failure-time data [J]. Econometric theory, 2007 (23): 414-439.

[58] CHEN X, WU W B, YI Y. Efficient estimation of copula-based semiparametric markov models [J]. Annals of statistics, 2009 (37): 4214-4253.

[59] CHEN Z, BAO Q F, LI S H, et al. Pricing CDO tranches with stochastic correlation and random factor loadings in a mixture copula model [J]. Applied mathematics and computation, 2012, 219 (6): 2909-2916.

[60] CHERNOV M, GALLANT A R, GHYSELS E, et al. A new class of stochastic volatility models with jumps: theory and estimation [R]. Working Paper, 1999.

[61] CHERNOZHUKOV V, HONG H, TAMER E. Parameter set inference in a class of econometric models [J]. Econometrica, 2007 (75): 1243-1284.

[62] CHERUBINI U, LUCIANO E, VECCHIATO W. Copula methods in finance [M]. England: John Wiley & sons, 2004.

[63] CHESNEY M, TASCHINI L. The endogenous price dynamics of emission allowances and an application to CO_2 option pricing [J]. Applied mathematical finance, 2012, 19 (5): 447-475.

[64] CHEVALLIER J. Carbon futures and macroeconomic risk factors: a view from the EU ETS [J]. Energy economics, 2009, 31 (4): 614-625.

[65] CHEVALLIER J. Variance risk-premia in CO_2 markets [J]. Economic modelling, 2013 (31): 598-605.

[66] CHEVALLIER J, IELPO F, MERCIER L. Risk aversion and institutional information disclosure on the European carbon market: a case-study of the 2006 compliance event [J]. Energy policy, 2009, 37 (1): 15-28.

[67] CHEVALLIER J, SéVI B. On the stochastic properties of carbon futures prices [J]. Environmental and resource economics, 2014, 58 (1): 127-153.

[68] CHICHILNISKY G, HEAL G. Markets with tradable CO_2 emission quotas: principles and practice [R]. MPRA Working paper, No. 8486, 1995.

[69] CHOLLETE L, HEINEN A, VALDESOGO A. Modeling international financial returns with a multivariate regime-switching copula [J]. Journal of financial econometrics, 2009, 7 (4): 437-480.

[70] CHOU R Y. Volatility persistence and stock valuations: some empirical evidence using GARCH [J]. Journal of applied econometrics, 1988, 3 (4): 279-294.

[71] CHRISTENSEN K, OOMEN R C A, PODOLSKIJ M. Fact or fricaton: jumps at ultra high frequency [J]. Journal of financial economics, 2014, 114 (3): 576-599.

[72] CHRISTOFFERSEN P, ERRUNZA V, JACOBS K, et al. Is the potential for international diversification disappearing? a dynamic copula approach [J]. Review of financial studies, 2012 (25): 3711-3751.

[73] CHRISTOFFERSEN P, LANGLOIS H. The joint dynamics of equity market factors [R]. Working paper, Rotman School of Management, University of Toronto, 2011.

[74] CHUANGCHID K, WIBOONPONGSE A, SRIBOONCHITTA S, et al. Application of extreme value copulas to palm oil prices analysis [J]. Business management dynamics, 2012, 2 (1): 25-31.

[75] COASE R H. The problem of social cost [J]. Journal of law and economics, 1960 (3): 1-44.

[76] CONRAD C, RITTLER D, ROTFUß W. Modeling and explaining the dynamics of European Union Allowance prices at high-frequency [J]. Energy economics, 2012 (34): 316-326.

[77] COPELAND B R, TAYLOR M S. North-South trade and the environment [J]. Quarterly journal of economics, 1994, 109 (3): 755-787.

[78] COX J C, ROSS S A. The valuation of options for alternative stochastic processes [J]. Journal of financial economics, 1976, 3 (1-2): 145-166.

[79] CRAMTON P, KERR S. Tradable carbon permits auctions, how and why to auction not grandfather [J]. Energy policy, 2002, 30 (4): 333-345.

[80] CREAL D, KOOPMAN S J, LUCAS A. Generalized autoregressive score models with applications [J]. Journal of applied econometrics, 2011 (28): 777-795.

[81] Crocker T. The structuring of air pollution control systems [M] // WOLOZINED H. The economics of air pollution. New York: W. W. Norton, 1966.

[82] CZADO C, AAS K. Pair-copula constructions- even more flexible than copulas [R]. Working paper, 2013.

[83] CZADO C, MIN A, BAUMANN T, et al. Pair copula constructions for modeling exchange rate dependence [R]. Working paper, 2008.

[84] DAAL E, NAKA A, YU J S. Volatility clustering, leverage effects, and jump dynamics in the US and emerging Asian equity markets [J]. Journal of banking & finance, 2007, 31 (9): 2751-2769.

[85] DALES J H. Pollution property and prices: an essay in policy-making and economics [M]. Toronto: University of Toronto Press, 1968.

［86］DANNENBERG H, EHRENFELD W A model for the valuation of carbon price risk［A］. In Emissions Trading: Institutional Design, Decision Making and Corporate Strategies, Springer, Germany, 2011 (2): 141-161.

［87］DARSOW W F, NGUYEN B, OLSEN E T. Copulas and Markov processes［J］. Illinois journal of mathematics, 1992 (36): 600-642.

［88］DAS S R. Poisson-Guassian processes and bond market［R］. NBER Working paper, 1998.

［89］DASKALAKIS G, PSYCHOYIOS D, MARKELLOS R N. Modeling CO_2 emission allowance prices and derivative: evidence from the European trading scheme［J］. Journal of banking & finance, 2009, 33 (7): 1230-1241.

［90］DEMARTA S, MCNEIL A J. The copula and related copulas［J］. International statistical review, 2005 (73): 111-129.

［91］DIAS A, EMBRECHTS P. Modeling exchange rate dependence dynamics at different time horizons［J］. Journal of international money and finance, 2010 (29): 1687-1705.

［92］DIEBOLD F X, HAHN J, TAY A S. Multivariate density forecast evaluation and calibration in financial risk management: high frequency returns on foreign exchange［J］. Review of economics and statistics, 1999 (81): 661-673.

［93］DIERS D, ELING M, MAREK S D. Dependence modeling in non-life insurance using the Bernstein copula［J］. Insurance: mathematics and economics, 2012, 50 (3): 430-436.

［94］DIKS C, PANCHENKO V, VAN DIJK D. Out-of-sample comparison of copula specifications in multivariate density forecasts［J］. Journal of economic dynamics and control, 2010, 34 (9): 1596-1609.

［95］DINAN T, ROGERS D L. Distributional effects of carbon allowance trading, how government decisions determine winners and losers［J］. National tax journal, 2002, 55 (2): 199-221.

[96] DIßMANN J. Statistical Inference for Regular Vines and Application [D]. Garching bei MÜnchen: Munich University of Technology, 2010.

[97] DIßMANN J, BRECHMANN E C, CZADO C, et al. Selecting and estimating regular vine copulae and application to financial returns [J]. Computational statistics & data analysis, 2013, 59 (1): 52-69.

[98] DUFFIE D. Measuring corporate default risk [M]. Oxford: Oxford University Press, 2011.

[99] DUFFIE D, PAN J, SINGLETON K. Transform analysis and asset pricing for affine jump-diffusions [J]. Econometrica, 2000, 68 (6): 1343-1376.

[100] DURRLEMAN V, NIKEGHBALI A, RONCALLI T. Which copula is the right one? [R]. Working paper, 2000.

[101] EGTEREN H, WEBER M. Marketable permits, market power, and cheating [J]. Journal of environmental economics and management, 1996, 30 (2): 161-173.

[102] ELLERMAN A D. US experience with emissions trading: lessons for CO_2 emissions trading [M]. Cambridge University Press, 2005: 78-95.

[103] EMBRECHTS P. Copulas: a personal view [J]. Journal of risk and insurance, 1999, 76 (3): 639-650.

[104] EMBRECHTS P, MCNEIL A, STRAUMANN D. Correlation: pitfalls and alternatives [J]. Risk, 1999, 12 (5): 11-21.

[105] EMBRECHTS P, MCNEIL A, STRAUMANN D. Correlation and dependence properties in risk management: properties and pitfalls [C]. M. Dempster, ed., Risk management: Value at Risk and beyond. Cambridge University Press, 2002: 176-223.

[106] EMBRECHTS P, HOEING A, JURI A. Using copulae to bound the value-at-risk for functions of dependent risks [J]. Finance & stochastics, 2003, 7 (2): 145-167.

[107] EMBRECHTS P, HOEING A, PUCCETTI G. Worst VaR scenarios [J]. Insurance: mathematics and economics, 2005 (37): 115-134.

[108] ENGLE R F. Dynamic conditional correlation: a simple class of multivariate generalized autoregressive conditional heteroskedasticity models [J]. Journal of business and economic statistics, 2000 (20): 339-350.

[109] ERAKER B, JOHATMES M, POLSON N. The impact of jumps in volatility and returns [J]. Journal of finance, 2003, 58 (3): 1269-1300.

[110] FAN Y. Copulas in econometrics [M] // CONTR. Encyclopedia of quantitative finance. Chichester: John Wiley & Sons Ltd. 2010: 375-379.

[111] FAN Y, PARK S. Partial identification of the distribution of treatment effects and its confidence sets. In Thomas B. Fomby and R. Carter Hill (ed.) Nonparametric Econometric Methods (Advances in Econometrics, Volume 25), Emerald Group Publishing Limited, 2009: 3-70.

[112] FAN Y, PASTORELLO S, RENAULT E. Maximization by Parts in Extremum Estimation [R]. Working paper, 2012.

[113] FAN Y, SHERMAN R, SHUM M. Identifying treatment effects under data combination [R]. Working paper, 2013.

[114] FEI F, FUERTES A, KALOTYCHOU E. Modeling dependence in CDS and equity markets: dynamic copula with Markov-switching [R]. Working paper, 2013.

[115] FERMANIAN J D, SCAILLET O. Nonparametric estimation of copulas for time series [J]. Journal of risk, 2003, 5 (4): 25-54.

[116] FERMANIAN J D, WEGKAMP M. Time dependent copulas [J].

Journal of multivariate analysis, 2012 (110): 19-29.

[117] FERMANIAN J D, RADULOVIC D, WEGKAMP M. Weak convergence of empirical copula processes [J]. Bernoulli, 2004, 10 (5): 847-860.

[118] FERNG J J. Allocating the responsibility of CO_2 over-emissions from the perspectives of benefit principle and ecological deficit [J]. Ecological economics, 2003, 46 (1): 121-141.

[119] FEZZI C, BUNN D W. Structural interaction of European carbon trading and energy prices [J]. Journal of energy markets, 2009, 2 (4): 53-69.

[120] FORTUNE P. Are stock returns different over weekends? a jump diffusion analysis of the「weekend effect」[J]. New england economic review, 1999 (9): 3-19.

[121] FOWOWE B. Jump dynamics in the relationship between oil prices and the stock market: evidence from Nigeria [J]. Energy, 2013, 56 (C): 31-38.

[122] FREDRICKS G A, NELSEN R B. The bertino family of copulas. In Distributions with Given Marginals and Statistical Modelling, (Cuadras, C. M., Fortiana, J., Rodrguez Lallena, J. A. (Eds.)), Kluwer Academic Publishers: Dordrecht, 2002: 81-91.

[123] FRUNZA E P M C, GUEGAN D. Derivative pricing and hedging on carbon market [R]. CES Working paper, 2010.

[124] FULLERTON D. Six distributional effects of environmental policy [R]. NBER Working paper No. 16703, 2011.

[125] GAIßER S, RUPPERT M, SCHMID F. A multivariate version of Hoeffding's Phi-square [J]. Journal of multivariate analysis, 2010, 101 (6): 2571-2586.

[126] GARCIA R, TSAFACK G. Dependence structure and extreme co-movements in international equity and bond markets [J]. Journal of banking & finance, 2011, 35 (8): 1954-1970.

[127] GENEST C. Frankís family of bivariate distributions [J]. Biometrika, 1987, 74 (3): 549-555.

[128] GENEST C, GHOUDI K, RIVEST L P. A semiparametric estimation procedure of dependence parameters in multivariate families of distributions [J]. Biometrika, 1995, 82 (3): 543-552.

[129] GENEST C, NESLEHOVA J. A primer on copulas for count data [J]. Astin bulletin, 2007 (37): 475-515.

[130] GENEST C, QUESADA-MOLINA J J, RODRIGUEZ-LALLENA J A, et al. A characterization of quasi-copulas [J]. Journal of Multivariate Analysis, 1999, 69 (2): 193-205.

[131] GENEST C, REMILLARD B. Validity of the parametric bootstrap for goodness-of-fit testing in semiparametric models [J]. Annales de l'institut henri poincare - probabilites et statistiques, 2008, 44: 1096-1127.

[132] GENEST C, REMILLARD B, BEAUDOIN D. Goodness-of-fit tests for copulas: a review and a power study [J]. Insurance: mathematics and economics, 2009, 44 (2): 199-213.

[133] GENEST C, RIVEST L P. Statistical inference procedures for bivariate Archimedean copulas [J]. Journal of the american statistical association, 1993, 88 (4): 1034-1043.

[134] GHOUDI K, REMILLARD B. Empirical processes based on pseudo-observations II: The multivariate case [M] // CUADRAS C M, FORTIANA J, RODRIGVEZ-LALLENA J A. Asymptotic Methods in Stochastics: Festschrift for Miklos Csorgo. dORDRECHT: Kluwer Academic, 2004.

[135] GIACOMINI E, HARDLE W, SPOKOINY V. Inhomogeneous dependence modeling with time-varying copulae [J]. Journal of business & economic statistics, 2009 (27): 224-234.

[136] GIACOMINI R, WHITE H. Tests of conditional predictive ability [J]. Econometrica, 2006, 74 (6): 1545-1578.

[137] GIESECKE K. Correlated default with incomplete information [J]. Journal of banking & finance, 2004 (28): 1521-1545.

[138] GILDER D, SHACKLETON M B, TAYLOR S J. Cojumps in stock prices: empirical evidence [J]. Journal of banking & finance, 2014 (40): 443-459.

[139] GLASSERMAN P, SUCHINTABANDID S. Correlation expansions for CDO pricing [J]. Journal of banking & finance, 2007, 31 (5): 1375-1398.

[140] GOEREE J K, HOLT C A, PALMER K, et al. An experimental study of auctions versus grandfathering to assign pollution permits [J]. Journal of the european economic association, 2010, 8 (2-3): 514-525.

[141] GONCALVES S, WHITE H. Maximum likelihood and the bootstrap for nonlinear dynamic models [J]. Journal of econometrics, 2004, 119 (1): 199-220.

[142] GORTHE O. Jump tail dependence in Levy copula models [J]. Extremes, 2013, 16 (3): 303-324.

[143] GORTHE O, NICKLAS S. Vine constructions of Levy copulas [J]. Journal of Multivariate Analysis, 2013, 119 (7): 1-15.

[144] GOURIER E, FARKAS W, ABBATE D. Operational risk quantification using extreme value theory and copulas: from theory to practice [J]. The journal of operational risk, 2009, 4 (3): 1-24.

[145] GRAY S. Modeling the conditional distribution of interest rates as a regime switching process [J]. Journal of financial economics, 1996, 42 (1): 27-62.

[146] GRONWALD M, KETTERER J. What moves the European carbon market? -insight from conditional jump models [R]. CESifo Working paper No. 3795, 2012.

[147] GRONWALD M, KETTERER J, TRÜCK S. The dependence structure between carbon emission allowances and financial markets – a copula analysis [R]. CESifo Working paper No. 3418, 2010.

[148] GRONWALD M, KETTERER J, TRÜCK S. The relationship between carbon, commodity and financial markets: a copula analysis [J]. Economic record, 2011 (87): 105-124.

[149] GROSSMAN G M, KRUEGER A B. Environmental impacts of a North American free trade agreement [R]. National Bureau of Economic Research, Working paper No. 3914, 1991.

[150] GRUBER L, CZADO C. Sequential Bayesian Model Selection of Regular Vine Copulas [J]. Springer Proceedings in Mathematics & Statistics, 2015, 10 (4): 177-180.

[151] GUDENDORF G, SEGERS J. Extreme-value copulas [C]. Proceeding – Workshop on Copula Theory and its Applications, Springer, 2009: 1-20.

[152] GUEGAN D, ZHANG J. Change analysis of dynamic copula for measuring dependence in multivariate financial data [J]. Quantitative finance, 2009, 10 (4): 421-430.

[153] HAFNER C M, MANNER H. Dynamic stochastic copula models: estimation, inference and applications [J]. Journal of applied econometrics,

2012, 27 (2): 269-295.

[154] HAMILTON J D. A new approach to the economic analysis of non-stationary time series and the business cycle [J]. Econometrics, 1989, 57 (2): 357-384.

[155] HAMILTON J D, SUSMEL R. Autoregressive conditional heteroskedasticity and changes in regime [J]. Journal of econometrics, 1994, 64 (1): 307-333.

[156] HANSEN B E. Autoregressive conditional density estimation [J]. International economic review, 1994, 35 (3): 705-730.

[157] HANSEN P R, LUNDE A, NASON J M. The model confidence set [J]. Econometrica, 2011, 79 (2): 453-497.

[158] HARVEY A C. Tracking a changing copula [J]. Journal of empirical finance, 2010 (17): 485-500.

[159] HARVEY A C, RUITZ E, SHEPHARD N. Multivariate stochastic variance models [J]. Review of economic studies, 1994, 61 (2): 247-264.

[160] HECKMAN J, SMITH J, CLEMENTS N. Making the most out of programme evaluations and social experiments: accounting for heterogeneity in programme impacts [J]. Review of economic studies, 1997 (64): 487-535.

[161] HERING C, HOFERT M, MAI J F, et al. Constructing hierarchical Archimedean copulas with Levy subordinators [J]. Journal of multivariate analysis, 2010, 101 (6): 1428-1433.

[162] HINZ J, NOVIKOV A. On fair pricing of emission-related derivatives [J]. Bernoulli, 2010, 16 (4): 1240-1261.

[163] HOEFFDING W. Maβstab variante Korrelations theorie [M]. Schriften Math. Inst. Univ. Berlin, 1940 (5): 181-233.

[164] HOFERT M. Efficiently sampling nested Archimedean copulas [J].

Computational statistics & data analysis, 2011, 55 (1): 57-70.

[165] HOFERT M, MACHLER M, MCNEIL A J. Likelihood inference for Archimedean copulas in high dimensions under known margins [J]. Journal of multivariate analysis, 2012 (110): 133-150.

[166] HOFERT M, PHAM D. Densities of nested Archimedean copulas [J]. Journal of multivariate analysis, 2013 (118): 37-52.

[167] HOFERT M, SCHERER M. CDO pricing with nested Archimedean copulas [J]. Quantitative finance, 2011, 11 (5): 775-787.

[168] HOFERT M, VRINS F. Sibuya copulas [R]. Working paper, 2013.

[169] HOLT C, SHOBE W, BURTRAW D, et al. Auction design for selling CO_2 emission allowances under the regional greenhouse gas initiative [R]. RGGI Reports, 2007.

[170] HONG Y, TU J, ZHOU G. Asymmetries in stock returns: Statistical tests and economic evaluation [J]. Review of financial studies, 2007 (20): 1547-1581.

[171] HORTA P, MENDES C, VIEIRA I. Contagion effects of the subprime crisis in the European Nyse-Euronext markets [J]. Portuguese economic journal, 2010, 9 (2): 115-140.

[172] HU L. Dependence patterns across financial markets: a mixed copula approach [J]. Applied financial economics, 2006, 16 (10): 717-729.

[173] HULL J. Options, futures and other derivatives [M]. 7th ed. Prentice-Hall, 2008.

[174] HULL J, WHITE A. Value at risk when daily changes in market variables are not normally distributed [J]. Journal of derivatives, 1998 (5): 9-19.

[175] IBRAGIMOV R. Copula-based characterizations for higher-order

Markov processes [J]. Econometric theory, 2009 (25): 819-846.

[176] ISENEGGER P, VON WYSS R. The valuation of derivatives on carbon emission certificates: a GARCH approach [R]. Working paper, 2010.

[177] JOE H. Multivariate models and dependence concepts [J]. Technometrics, 1997, 40 (4): 353.

[178] JOE H. Asymptotic efficiency of the two-stage estimation method for copula-based models [J]. Journal of Multivariate Analysis, 2005, 94: 401-419.

[179] JOE H, XU J J. The estimation method of inference functions for margins for multivariate models [R]. Working paper, Department of Statistics, University of British Columbia, 1996.

[180] JONDEAU E, ROCKINGER M. The Copula-GARCH model of conditional dependencies- an international stock market application [J]. Journal of international money and finance, 2006, 25 (5): 827-853.

[181] KAAS R, LAEVEN R J A, NELSEN R B. Worst VaR scenarios with given marginals and measures of association [J]. Insurance: mathematics and economics, 2009, 44: 146-158.

[182] KALLSEN J, TANKOV P. Characterization of dependence of multidimensional Levy processes using Levy copulas [J]. Journal of multivariate analysis, 2006, 97: 1551-1572.

[183] KAO L J, WU P C, LEE C F. Time-changed GARCH versus the GARJI model for prediction of extreme news events: an empirical study [J]. International review of economics and finance, 2012, 21 (1): 115-129.

[184] KIM Y S, VOLKMANN D S. Normal tempered stable copula [J]. Applied mathematics letters, 2013, 26 (7): 676-680.

[185] KOENIG P. Modelling correlation in carbon and energy markets

[R]. EPRG Working Paper No. 1107, Cambridge Working Paper in Economics No. 1123, 2011.

[186] KOLE E, KOEDIJK K, VERBEEK M. Selecting copulas for risk management [J]. Journal of banking & finance, 2007, 31 (8): 2405-2423.

[187] KRUGER J, PIZER W. The EU emissions trading directive: opportunities and potential pitfalls [R]. Resources for the Future, Discussion Paper, 2004.

[188] KUROWICKA D, COOKE R. Uncertain analysis with high dimensional dependence modeling [M]. Ltd, New York: Wiley Series in Probability and Statistics, John Wiley & Sons, 2006.

[189] KUROWICKA D, JOE H. Dependence modeling: vine copula handbook [M]. Singapore: World Scientific, 2011.

[190] LAI Y H, CHEN C W S, GERLACH R. Optimal dynamic hedging via asymmetric copula-GARCH models [J]. Mathematics and computers in simulation, 2009, 79 (8): 2609-2624.

[191] LAMOUREUX C G, LASTRAPES W D. Persistence in variance, structural change and the GARCH model [J]. Journal of business and economic statistics, 1990, 8 (2): 225-234.

[192] LI D X. On default correlation: a copula function approach [J]. Journal of fixed income, 2000, 9 (4): 43-54.

[193] LI H, WELLS M T, YU C L. A bayesian analysis of return dynamics with levy jumps [J]. Review of financial studies, 2008, 21 (5): 2345-2378.

[194] LI J, LI G, ZHOU Y. Do securitized real estate markets jump? International evidence [J]. Pacific-basin finance journal, 2015, 31 (1): 13-35.

[195] LI X P, MIKUSINSKI V, SHAREWOOD H, et al. On approximation of copulas [C] // BENES V, STEPAN J. Distributions with Given Marginals and Moment Problems. Dordrecht: Kluwer Academic Publishers, 1997, 107-116.

[196] LIN Y N, LIN A Y. Pricing the cost of carbon dioxide emission allowance futures [J]. Review of futures markets, 2007, 16 (1): 1-16.

[197] LOPOMO G, MARX L M, MCADAMS D, et al. Carbon allowance auction design: an assessment of options for the United States [J]. Review of economics and policy, 2011, 5 (1): 25-43.

[198] LOW R K Y, ALCOCK J, FAFF R, et al. Canonical vine copulas in the context of modern portfolio management: are they worth it? [J]. Journal of banking & finance, 2013, 37 (8): 3085-3099.

[199] LOW R K Y, FAFF R, AAS K. Mean-variance optimization still works! a bayesian methodology with vine copulas [R]. Working paper, 2013.

[200] MAHEU J M, MCCURDY T H. News arrival, jump dynamics, and volatility components for individual stock returns [J]. Journal of finance, 2004, 59 (2): 755-793.

[201] MAHIEU R, SCHOTMAN P. An empirical application of stochastic volatility models [J]. Journal of applied econometrics, 1998, 13 (4): 333-360.

[202] MAI J F, SCHERER M. Levy-frailty copulas [J]. Journal of multivariate analysis, 2009, 100 (7): 1567-1585.

[203] MAKAROV G D. Estimates for the distribution function of a sum of two random variables when the marginal distributions are fixed [J]. Theory of probability and its applications, 1981, 26: 803-806.

[204] MANNER H, SEGERS J. Tails of correlation mixtures of elliptical

copulas [J]. Insurance: mathematics and economics, 2011, 48 (1): 153-160.

[205] Manski C F. Partial Identification of Probability Distributions [M]. New York: Springer, 2003.

[206] MARI D D, KOTZ S. Correlation and dependence [M]. London: Imperial College Press, 2011.

[207] MCNEIL A J, FREY R, EMBRECHTS P. Quantitative risk management: concepts, techniques and tools [M]. New Jersey: Princeton University Press, 2005.

[208] MERTON R C. Option pricing when underlying stock returns are discontinuous [J]. Journal of financial economics, 1976, 3 (1): 125-144.

[209] MESFIOUI M, QUESSY J F. Dependence structure of conditional Archimedean copulas [J]. Journal of multivariate analysis, 2008, 99 (3): 372-385.

[210] MIAO D W C, WU C C, SU Y K. Regime-switching in volatility and correlation structure using range-based models with Markov-switching [J]. Economic modeling, 2013, 31 (4): 87-93.

[211] MICLăU P G, LUPU R, DUMITRESCU S A, et al. Testing the efficiency of the European carbon futures market using event-study methodology [J]. International journal of energy and environment, 2008, 2 (2): 121-128.

[212] MIKOSCH T. Copulas: tales and facts, with discussion and rejoinder [J]. Extremes, 2006, 9: 3-62.

[213] MIN A, CZADO C. Bayesian inference for multivariate copulas using pair-copula constructions [J]. Journal of financial econometrics, 2010, 8 (4): 450-480.

[214] MIN A, CZADO C. Bayesian model selection for D-vine pair-copula constructions [J]. The Canadian journal of statistics, 2011, 39 (2): 239-

258.

[215] MIN A, CZADO C. SCOMDY models based on pair-copula constructions with application to exchange rates [J]. Computational statistics & data analysis, 2014, 76: 523-535.

[216] MNIF W, DAVISON M. What can we learn from the EU ETS experience? Recommendations for effective trading and market design [R]. Working paper, 2011.

[217] MONJON S, QUIRION P. How to design a border adjustment for the European Union Emissions Trading System? [J]. Energy policy, 2010, 38 (9): 5199-5207.

[218] MONTERO J P. A note on environmental policy and innovation when governments cannot commit [J]. Energy economics, 2011, 33 (12): S13-S19.

[219] MOORE M. Implementing carbon tariffs: a fool's errand? [J]. The world economy, 2011, 34 (10): 1679-1702.

[220] MORALES-NAPOLES O. Bayesian Belief Nets and Vines in Aviation Safety and Other Applications [D]. Technische Universiteit Delft, 2008.

[221] MURRAY B, NEWELL R, PIZER W. Balancing cost and emissions certainty: an allowance reserve for cap-and trade [J]. Review of environmental economics and policy, 2009, 3 (1): 84-103.

[222] NAZIFI F. Modeling the price spread between the EUA and the CER carbon prices [J]. Energy policy, 2013, 56: 434-445.

[223] NELSEN R B. An introduction to copulas [M]. 2nd ed. Springer, 2006.

[224] NELSEN R B, QUESADA-MOLINA J, RODRIGUES-LALLENA J, et al. Kendall distribution functions [J]. Statistics & probability letters, 2003,

65: 263-368.

[225] NEWEY W K, WEST K D. A simple, positive semidefinite, heteroskedasticity and autocorrelation consistent covariance matrix [J]. Econometrica, 1987, 55: 703-708.

[226] NIKOLOULOPOULOS A K, JOE H, LI H. Vine copulas with asymmetric tail dependence and applications to financial return data [J]. Computational statistics and data analysis, 2012, 56 (11): 3659-3673.

[227] NIREI M, SUSHKO V. Jumps in foreign exchange rates and stochastic unwinding of carry trades [J]. International review of economics and finance, 2011, 20 (1): 110-127.

[228] OBERNDORFER U. EU emission allowances and the stock market: evidence from the electricity industry [J]. Ecological economics, 2009, 68 (4): 1116-1126.

[229] OH D H, PATTON A J. Modelling dependence in high dimensions with factor copulas [R]. Working paper, Duke University, 2012.

[230] OH D H, PATTON A J. Simulated method of moments estimation for copula-based multivariate models [J]. Journal of the american statistical association, 2013, 108: 689-700.

[231] PALAO F, PARDO A. Assessing price clustering in European carbon markets [J]. Applied energy, 2012, 92: 51-56.

[232] PAN J. Stochastic volatility with reset at jump [R]. NBER Working Paper, 1997.

[233] PAOLELLA M S, TASCHINI L. An econometric analysis of emission trading allowances [J]. Journal of banking & finance, 2008, 32 (10): 2022-2032.

[234] PATTON A J. Applications of copula theory in financial economet-

rics [D]. Unpublished Ph. D. dissertation. San Diego: University of California, 2002.

[235] PATTON A J. On the out-of-sample importance of skewness and asymmetric dependence for asset allocation [J]. Journal of financial econometrics, 2004, 2 (1): 130-168.

[236] PATTON A J. Modelling asymmetric exchange rate dependence [J]. International economic review, 2006, 47 (2): 527-556.

[237] PATTON A J. Estimation of multivariate models for time series of possibly different lengths [J]. Journal of applied econometrics, 2006, 21 (2): 147-173.

[238] PATTON A. Copula methods for Forecasting multivariate time series [J]. Handbook of Economic Forecasting, 2013 (2): 899-960.

[239] PELLETIER D. Regime switching for dynamic correlation [J]. Journal of econometrics, 2006, 131 (1-2): 445-473.

[240] POLITIS D N, ROMANO J P. The stationary bootstrap [J]. Journal of the american statistical association, 1994, 89 (428): 1303-1313.

[241] PRESS S J. A component events model for security prices [J]. The journal of business, 1967, 40 (3): 317-335.

[242] REINAUD J. Climate policy and carbon leakage: impacts of the European emissions trading scheme on aluminium [R]. IEA Information paper, 2008.

[243] REMILLARD B. Goodness-of-fit tests for copulas of multivariate time series [J]. Working paper, HEC Montreal, 2010.

[244] REMILLARD B, PAPAGEORGIOU N, SOUSTRA F. Copula-based semiparametric models for multivariate time series [J]. Journal of multivariate analysis, 2012, 110: 30-42.

[245] RITTLER D. Price discovery and volatility spillovers in the European Union emissions trading scheme: a high-frequency analysis [J]. Journal of banking & finance, 2012, 36 (3): 774-785.

[246] RIVERS D, VUONG Q. Model selection tests for nonlinear dynamic models [J]. The econometrics journal, 2002, 5 (1): 1-39.

[247] ROMANO J P, WOLF M. Stepwise multiple testing via formalized data snooping [J]. Econometrica, 2005, 73: 1237-1282.

[248] ROSENBERG J V. Nonparametric pricing of multivariate contingent claims [J]. Journal of derivatives, 2003, 10: 9-26.

[249] ROSENBERG J V, SCHUERMANN T. A general approach to integrated risk management with skewed, fat-tailed risks [J]. Journal of financial economics, 2006, 79: 569-614.

[250] ROTFUβ W. Intraday price formation and volatility in the European Union emissions trading scheme: an introductory analysis [R]. Discussion paper No. 09-018, 2009.

[251] RUPPERT M. Consistent testing for a constant copula under strong mixing based on the tapered block multiplier technique [R]. Working paper, Department of Economic and Social Statistics, University of Cologne, 2011.

[252] SALMON M, SCHLEICHER C. Pricing multivariate currency options with copulas [M]. In: Rank, J. (Ed.): Copulas: From Theory to Application in Finance, Risk Books, London, 2006.

[253] SANCETTA A., SATCHELL S. The Bernstein copula and its applications to modeling and approximations of multivariate distributions [J]. Econometric Theory, 2004, 20: 535-562.

[254] SANIN M E, MANSANET-BATALLER M, VIOLANTE F. Understanding volatility dynamics in the EU-ETS market [R]. CREATES Research

paper, 2015.

[255] SCHELLING T C. Some economics of global warming [J]. American economic review, 1992, 82 (1): 1-14.

[256] SCHENNACH S M. The economics of pollution permit banking in the context of title IV of the 1990 clean air act amendments [J]. Journal of environmental economics and management, 2000, 40 (3): 189-210.

[257] Schepsmeier U. A Goodness-of-fit Test for Regular Vine Copula Models [OL]. http://arxiv.org/abs/1306.0818, 2013.

[258] SCHEPSMEIER, STÖBER J, BRECHMANN E C. Statistical inference of vine copulas [R]. Manual for the R package VineCopula, 2012.

[259] SCHONBUCHER P, SCHUBERT D. Copula dependent default risk in intensity models [R]. Working paper, Bonn University, 2001.

[260] SEGERS J. Extreme-value copulas [J]. Medium econometrische toepassingen, 2005, 13 (1): 9-11.

[261] SEIFERT J, UHRIG-HOMBURG M, WAGNER M. Dynamic behavior of CO_2 spot prices - theory and empirical evidence [J]. Journal of environmental economics and management, 2008, 56 (2): 180-194.

[262] SKLAR A. Fonctions de repartition an dimensionset leurs marges [J]. Publ. Inst. Statis. Univ. Paris, 1959, 8: 229-231.

[263] SMITH M S, MIN A, ALMEIDA C, et al. Modeling longitudinal data using a pair-copula decomposition of serial dependence [J]. Journal of the American statistical association, 2010, 105: 467-1479.

[264] SMITH M S, GAN Q, KOHN R. Modeling dependence using skew t copulas: Bayesian inference and applications [J]. Journal of applied econometrics, 2012, 27: 500-522.

[265] SMITH M S. Bayesian approaches to copula modelling [M] // DA-

MIEN P, DELLAPORTAS P, POLSON N, et al. Bayesian Theory and Applications. Oxford: Oxford University Press, 2013.

[266] SONG P, FAN Y, KALBFLEISCH J. Maximization by parts in likelihood inference [J]. Journal of the American statistical association, 2005, 100: 1145-1158.

[267] STAVINS R N. Transaction costs and tradable permits [J]. Journal of environmental economics and management, 1995, 29: 133-148.

[268] STÖBER J, CZADO C. Regime switches in the dependence structure of multidimensional financial data [J]. Computational statistics & data analysis, 2014, 76: 672-686.

[269] STOYE J. More on confidence intervals for partially identified parameters [J]. Econometrica, 2009, 77: 1299-1315.

[270] TANKOV P. Simulation and option pricing in Levy copula models [R]. Working paper, 2005.

[271] TAYLOR S J, WANG Y. Option prices and risk-neutral densities for currency cross-rates [J]. Journal of futures markets, 2010, 30: 324-360.

[272] THEISSEN E. Price discovery in spot and futures markets: a reconsideration [R]. CFR-Working paper, No.09-17, 2009.

[273] TODOROV V, TAUCHEN G. Activity signature functions for high-frequency data analysis [J]. Journal of econometrics, 2010, 154 (2): 125-138.

[274] TODOROV V, TAUCHEN G. Volatility jumps [J]. Journal of business & economic statistics, 2011, 29 (3): 356-371.

[275] TSUKAHARA H. Semiparametric estimation in copula models [J]. Canadian journal of statistics, 2005, 33 (3): 357-375.

[276] UHRIG-HOMBURG M, WAGNER M. Futures price dynamics of CO_2 emission allowances - an empirical analysis of the trial period [J]. Journal

of derivatives, 2009, 17 (2): 73-88.

[277] VAN DEN GOORBERGH R W J, GENEST C, WERKER B J M. Multivariate option pricing using dynamic copula models [J]. Insurance: mathematics and economics, 2005, 37: 101-114.

[278] VUONG Q H. Likelihood ratio tests for model selection and non-nested hypotheses [J]. Econometrica, 1989, 57 (2): 307-333.

[279] WALID C, CHAKER A, MASOOD O. Stock market volatility and exchange rates in emerging countries: a Markov-state switching approach [J]. Emerging markets review, 2011, 12 (3): 272-292.

[280] WANG D Z, RACHEV S T, FABOZZI F J. Pricing of credit default index swap tranches with one-factor heavy-tailed copula models [J]. Journal of empirical finance, 2009, 16 (2): 201-215.

[281] WANG T, WATSON T. Who owns China's carbon emission [R]. Working paper, Tyndall Centre Briefing Note 23, 2007.

[282] WEBER C L, PETERS G P, GUAN D, et al. The contribution of Chinese exports to climate change [J]. Energy policy, 2008, 36 (9): 3572-3577.

[283] WEIß G N F, SUPPER H. Forecasting liquidity-adjusted intraday value-at-risk with vine copulas [J]. Journal of banking & finance, 2013, 37 (9): 3334-3350.

[284] WEITZMAN M L. Prices vs. quantities [J]. The review of economic studies, 1974, 41 (4): 477-491.

[285] WEST K D. Forecast evaluation. Handbook of economic forecasting [M]. Volume 1, G. Elliott, C. W. J. Granger and A. Timmermann eds., Elsevier, Oxford, 2006.

[286] WHITE H A reality check for data snooping [J]. Econometrica,

2000, 68: 1097-1126.

[287] WHITE H. Estimation, inference and specification analysis [R]. Working paper, Econometric Society Mono-graphs No. 22, Cambridge University Press, Cambridge, UK, 1994.

[288] WHITE H. Maximum likelihood estimation of misspecified models [J]. Econometrica, 1982, 50: 1-26.

[289] YANG R C, QIN X Z, CHEN T. CDO pricig using single factor MG-NIG copula model with stochastic correlation and random factor loading [J]. Journal of mathematical analysis and applications, 2009, 350 (1): 73-80.

[290] ZACHMANN G, VON HIRSCHHAUSEN C. First evidence of asymmetric cost pass-through of EU emissions allowances: examining wholesale electricity prices in Germany [J]. Economics letters, 2008, 99 (3): 465-469.

[291] ZETTERBERG L, WRåKE M, STERNER T, et al. Short-run allocation of emissions allowances and long-term goals for climate policy [J]. Journal of the human environment, 2012, 41 (s1): 23-32.

[292] ZHANG C, CHEN X. The impact of global oil price shocks on China's stock returns: evidence from the ARJI ($-h_t$) -EGARCH model [J]. Energy, 2011, 36 (11): 6627-6633.

[293] ZHANG J, GUEGAN D. Pricing bivariate option under GARCH processes with time-varying copula [J]. Insurance: mathematics and economics, 2008, 42 (3): 1095-1103.

[294] ZHU Z, GRAHAM P, REEDMAN L, et al. A scenario-based integrated approach for modeling carbon price risk [J]. Decisions in economics and finance, 2009, 32: 35-48.

[295] ZIMMER D M. The role of copulas in the housing crisis [J]. Review of economics and statistics, 2012, 94: 607-620.

[296] 包衛軍，徐成賢. 基於SV-Copula模型的相關性分析［J］. 統計研究, 2008, 25（10）：100-104.

[297] 陳浪南，孫堅強. 股票市場資產收益的跳躍行為研究［J］. 經濟研究, 2010（4）：54-66.

[298] 陳玲俐. 基於Copula-GJR-Skewt模型的投資組合風險預測研究［J］. 數學的實踐與認識, 2014, 44（18）：75-85.

[299] 陳田. 基於因子Copula的債務抵押債券定價模型研究［D］. 大連：大連理工大學, 2010.

[300] 陳曉紅，王陟昀. 碳排放權交易價格影響因素實證研究——以歐盟排放交易體系（EU ETS）為例［J］. 系統工程, 2012, 30（2）：53-60.

[301] 丁唯佳，吳先華，孫寧，等. 基於STIRPAT模型的中國製造業碳排放影響因素研究［J］. 數理統計與管理, 2012, 31（3）：499-506.

[302] 杜子平，閆鵬，張勇. 基於「藤」結構的高維動態Copula的構建［J］. 數學的實踐與認識, 2009, 39（10）：96-102.

[303] 範國斌，曾勇，黃文光. 一種多資產組合風險度量解決之道：正則藤Copula［J］. 數量經濟技術經濟研究, 2013（1）：88-102.

[304] 馮謙，楊朝軍. 擔保債權憑證定價——Copula函數的非參數估計與應用［J］. 運籌與管理, 2006, 15（5）：104-107.

[305] 高江. 藤Copula模型與多資產投資組合VaR預測［J］. 數理統計與管理, 2013, 32（2）：247-258.

[306] 高楊，李健. 基於EMD-PSO-SVM誤差校正模型的國際碳金融市場價格預測［J］. 中國人口·資源與環境, 2014, 24（6）：163-170.

[307] 龔金國，鄧入僑. 時變C-Vine Copula模型的統計推斷［J］. 統計研究, 2015, 32（4）：97-103.

[308] 龔樸，黃榮兵. 次貸危機對中國股市影響的實證分析——基於中美股市的聯動性分析［J］. 管理評論, 2009, 21（2）：21-32.

[309] 苟紅軍, 陳迅, 花擁軍. 基於 GARCH-EVT-COPULA 模型的外匯投資組合風險度量研究 [J]. 管理工程學報, 2015, 29 (1): 183-193.

[310] 郭名媛, 張世英. 基於 DDMRS-GARCH 的 VaR 模型及其在上海股票市場的實證研究 [J]. 統計與決策, 2007 (20): 126-128.

[311] 郭文旌, 鄧明光, 董琦. 重大事件下中國股市的跳躍特徵 [J]. 系統工程理論與實踐, 2013, 33 (2): 308-316.

[312] 何娟, 王建, 蔣祥林, 等. 基於 Copula-CVaR-EVT 方法的供應鏈金融質物組合優化 [J]. 系統工程理論與實踐, 2015, 35 (1): 1-16.

[313] 洪涓, 陳靜. 國際碳排放權交易價格關係實證研究 [J]. 中國物價, 2010 (1): 7-11.

[314] 胡根華, 吳恒煜, 邱甲賢. 碳排放權市場結構相依特徵研究: 規則藤方法 [J]. 中國人口·資源與環境, 2015, 25 (5): 44-52.

[315] 胡根華, 吳恒煜. 資產價格的時變跳躍: 碳排放權交易市場的證據 [J]. 中國人口·資源與環境, 2015, 25 (11): 12-18.

[316] 黃明皓, 李永寧, 肖翔. 國際碳排放權交易市場的有效性研究——基於 CER 期貨市場的價格發現和聯動效應分析 [J]. 財貿經濟, 2010 (11): 131-137.

[317] 黃苒, 唐齊鳴. 基於可變強度跳躍-GARCH 模型的資產價格跳躍行為分析——以中國上市公司股票市場數據為例 [J]. 中國管理科學, 2014, 22 (6): 1-9.

[318] 黃在鑫, 覃正. 中美主要金融市場相關結構及風險傳導路徑研究 [J]. 國際金融研究, 2012 (5): 74-82.

[319] 姜鴻, 梅雪松, 張藝影. 基於碳排放權價值的中美貿易利益評估 [J]. 財貿經濟, 2012 (3): 87-93.

[320] 江紅莉, 何建敏, 莊亞明. 基於時變 Copula 的房地產業與銀行業尾部動態相關性研究 [J]. 管理工程學報, 2013, 27 (3): 53-59.

[321] 李丹, 謝民育, 徐天群. 基於半參數 Copula 模型的相依關係研究——對中國股指期貨和現貨的實證分析 [J]. 金融理論與實踐, 2015 (1): 21-24.

[322] 李海濤, 許學工, 劉文政. 國際碳減排活動中的利益博弈和中國策略的思考 [J]. 中國人口・資源與環境, 2006, 16 (5): 93-97.

[323] 李平, 黃光東. 二元數字期權定價與 Copula 的關係 [J]. 數學的實踐與認識, 2005, 35 (3): 159-164.

[324] 李平, 曲博, 黃光東. 基於 Fréchet Copula 的歐式脆弱期權定價 [J]. 管理科學學報, 2012, 15 (4): 23-30.

[325] 李小平, 馮蕓, 吳衝峰. 金融危機前後的匯率波動特徵 [J]. 管理科學學報, 2012, 15 (4): 40-49.

[326] 李勇, 方兆本, 韋勇鳳. 風險最小化套期保值比例估計: 基於 RV-Copula 模型 [J]. 數理統計與管理, 2015, 34 (2): 340-348.

[327] 林坦, 寧俊飛. 基於零和 DEA 模型的歐盟國家碳排放權分配效率研究 [J]. 數量經濟技術經濟研究, 2011 (3): 36-50.

[328] 林宇, 陳王, 王一鳴, 等. 典型事實、混合 Copula 函數與金融市場相依結構研究 [J]. 中國管理科學, 2015, 23 (4): 20-29.

[329] 令狐大智, 葉飛. 基於歷史排放參照的碳配額分配機制研究 [J]. 中國管理科學, 2015, 23 (6): 65-72.

[330] 劉紀顯, 張宗益, 張印. 碳期貨與能源股價的關係及對中國的政策啟示——以歐盟為例 [J]. 經濟學家, 2013 (4): 43-55.

[331] 劉維泉. 歐盟碳排放配額價格的區制轉換特徵研究 [J]. 軟科學, 2014, 28 (1): 95-100.

[332] 劉維泉, 張杰平. EU ETS 碳排放期貨價格的均值迴歸——基於 CKLS 模型的實證研究 [J]. 系統工程, 2012, 30 (2): 44-52.

[333] 劉曉星, 段斌, 謝福座. 股票市場風險溢出效應研究: 基於

EVT-Copula-CoVaR 模型的分析［J］. 世界經濟, 2011（11）: 145-159.

［334］劉楊. 跳躍條件下中國證券市場資產價格行為研究［D］. 天津: 天津大學, 2012.

［335］陸靜, 張佳. 基於信度理論的商業銀行操作風險計量研究［J］. 管理工程學報, 2013, 27（2）: 160-167, 141.

［336］欒昊, 楊軍. 美國徵收碳關稅對中國碳減排和經濟的影響［J］. 中國人口·資源與環境, 2014, 24（1）: 70-77.

［337］羅長青, 歐陽資生. 基於藤結構 Copula 的多元信用風險相關性度量模型及其比較［J］. 財經理論與實踐, 2012, 33（180）: 13-16.

［338］馬鋒, 魏宇, 黃登仕. 基於 Vine Copula 方法的股市組合動態 VaR 測度及預測模型研究［J］. 系統工程理論與實踐, 2015, 35（1）: 26-36.

［339］牛華偉, 王定成. 利用 Laplace 變換研究基於一個雙跳躍模型的脆弱期權定價問題［J］. 中國科學: 數學, 2015, 45（2）: 195-212.

［340］彭偉. 基於雙變量 EARJI-EGARCH 的時變收益關聯研究——來自東亞地區股市跳躍的分析［J］. 中國管理科學, 2015, 23（3）: 90-96.

［341］盛春光. 碳市場 EUA 與 CER 期貨價格變動關係的實證研究［J］. 經濟數學, 2013, 30（4）: 38-44.

［342］史道濟, 關靜. 滬深股市風險的相關性分析［J］. 統計研究, 2003（10）: 45-48.

［343］史永東, 武軍偉. 基於 Levy Copula 的組合信用衍生品定價模型［J］. 財經問題研究, 2009（10）: 76-84.

［344］唐勇, 張伯鑫. 基於高頻數據的中國股市跳躍特徵實證分析［J］. 中國管理科學, 2013, 21（5）: 29-39.

［345］童中文, 何建敏. 基於 Copula 風險中性校準的違約相關性研究［J］. 中國管理科學, 2008, 16（5）: 22-27.

［346］汪文雋, 繆柏其, 魯煒. 基於 Copula 的 QDII 與排放權資產的

投資組合構建 [J]. 數理統計與管理, 2011, 30 (5): 922-929.

[347] 王輝. 國內擔保債務憑證定價研究 [J]. 世界經濟, 2009 (10): 71-80.

[348] 王軍鋒, 張靜雯, 劉鑫. 碳排放權交易市場碳配額價格關聯機制研究——基於計量模型的關聯分析 [J]. 中國人口·資源與環境, 2014, 24 (1): 64-69.

[349] 王沁, 王璐, 何平. 基於 Spearman ρ 的時變 Copula 模型的模擬及應用 [J]. 數理統計與管理, 2011, 30 (1): 76-84.

[350] 王曉麗, 席金平, 吳潤衡. 基於 Copula 函數和非參數估計的尾部相關性 [J]. 數學的實踐與認識, 2009, 39 (7): 54-57.

[351] 王遙. 碳金融: 全球視野與中國佈局 [M]. 北京: 中國經濟出版社, 2010.

[352] 韋豔華. Copula 理論及其在多變量金融時間序列分析上的應用研究 [D]. 天津: 天津大學, 2004.

[353] 韋豔華, 張世英, 孟利鋒. Copula 理論在金融上的應用 [J]. 西北農林科技大學學報 (社會科學版), 2003, 3 (5): 97-101.

[354] 魏平, 劉海生. Copula 模型在滬深股市相關性研究中的應用 [J]. 數理統計與管理, 2010, 29 (5): 890-898.

[355] 魏巍賢, 陳智文, 王建軍. 三狀態馬爾柯夫機制轉換模型研究——在世界油價波動分析中的應用 [J]. 財經研究, 2006, 32 (6): 120-131.

[356] 魏一鳴, 王愷, 鳳振華, 等. 碳金融與碳市場——方法與實證 [M]. 北京: 科學出版社, 2010.

[357] 吳恒煜, 陳鵬, 嚴武, 等. 基於藤 Copula 的多資產交換期權模擬定價 [J]. 數學的實踐與認識, 2011, 41 (10): 1-10.

[358] 吳恒煜, 胡根華. 國際碳排放權市場動態相依性分析及風險測度:

基於 Copula-GARCH 模型 [J]. 數理統計與管理, 2014, 33 (5): 892-909.

[359] 吳恒煜, 胡根華. 國外碳排放權交易問題研究述評 [J]. 資源科學, 2013, 35 (9): 1828-1838.

[360] 吳恒煜, 胡根華, 呂江林. 人民幣匯率市場化, 結構相依與結構突變 [J]. 數理統計與管理, 2015 (1).

[361] 吳恒煜, 胡根華, 秦嗣毅. 次貸危機下中國股市與國外股市相依性分析——基於 Markov 機制轉換模型 [J]. 數理統計與管理, 2013, 32 (2):343-358.

[362] 吳恒煜, 胡根華, 秦嗣毅, 等. 國際碳排市場動態效應研究: 基於 ECX CER 市場 [J]. 山西財經大學學報, 2011, 33 (9): 18-24.

[363] 吳恒煜, 李冰, 嚴武, 等. 基於 Copula 的債務抵押債券定價 [J]. 運籌與管理, 2011, 20 (6): 127-136.

[364] 吳吉林, 陳剛, 黃辰. 中國 A、B、H 股市間尾部相依性的趨勢研究——基於多機制平滑轉換混合 Copula 模型的實證分析 [J]. 管理科學學報, 2015, 18 (2): 50-65.

[365] 吳王玉, 郇志堅. 歐盟碳排放權交易市場的價格發現和波動溢出研究 [J]. 中國人口·資源與環境, 2012, 22 (5): 244-249.

[366] 向聖鵬, 楊湘豫. Copula 理論在複合期權定價中的應用 [J]. 經濟數學, 2013, 30 (3): 87-90.

[367] 謝赤, 郵標藤, 王綱金, 等. 機制轉換條件下股市收益率跳躍行為研究: 基於 RS-ARJI 模型的以中國股市為例的實證分析 [J]. 數學的實踐與認識, 2013, 43 (12): 100-110.

[368] 徐麗群. 低碳供應鏈構建中的碳減排責任劃分與成本分攤 [J]. 軟科學, 2013, 27 (12): 104-108.

[369] 許廣永. 低碳經濟下中國碳排放定價機制形成的障礙與對策 [J]. 華東經濟管理, 2010, 24 (9): 35-38.

[370] 楊超，李國良，門明. 國際碳交易市場的風險度量及對中國的啟示——基於狀態轉移與極值理論的 VaR 比較研究 [J]. 數量經濟技術經濟研究，2011（4）：94-109，123.

[371] 楊繼平，袁璐，張春會. 基於結構轉換非參數 GARCH 模型的 VaR 估計 [J]. 管理科學學報，2014，17（2）：69-80.

[372] 楊瑞成，秦學志，陳田. 隨機相關結構下單因子混合高斯模型 CDO 定價問題 [J]. 大連理工大學學報，2009，49（4）：587-593.

[373] 楊曉麗，梁進. 一國碳減排的最小費用研究 [J]. 系統工程理論與實踐，2014，34（3）：640-647.

[374] 姚琳. 基於 MRS Copula-ARJI-GARCH 模型的投資組合 VaR 估計與優化 [D]. 長沙：湖南大學，2013.

[375] 葉五一，韋偉，繆柏其. 基於非參數時變 Copula 模型的美國次貸危機傳染分析 [J]. 管理科學學報，2014，17（11）：151-158.

[376] 詹原瑞，韓鐵，馬珊珊. 基於 Copula 函數族的信用違約互換組合定價模型 [J]. 中國管理科學，2008，16（1）：1-6.

[377] 張晨，楊玉，張濤. 基於 Copula 模型的商業銀行碳金融市場風險整合度量 [J]. 中國管理科學，2015，23（4）：61-69.

[378] 張國富，杜子平. 豬肉價格波動與通貨膨脹相依關係研究 [J]. 商業研究，2015（1）：23-27.

[379] 張國富，杜子平，張俊. 基於混合 C 藤 Copula 的中國一籃子貨幣匯率相依結構研究 [J]. 數學的實踐與認識，2014，44（11）：74-84.

[380] 張建清，周麗麗，郭榮鑫. 中國碳排放權定價方式選擇——基於 Block-Scholes 模型的檢驗 [J]. 廣東外語外貿大學學報，2012，23（5）：51-55.

[381] 張茂軍，趙雪妮. 基於 t-Copula 的一籃子信用違約互換定價模型 [J]. 經濟數學，2014，31（4）：81-85.

[382] 張堯庭. 連接函數（Copula）技術與金融風險分析 [J]. 統計

研究, 2002 (4): 48-51.

[383] 張躍軍, 魏一鳴. 國際碳期貨價格的均值迴歸: 基於 EU ETS 的實證研究 [J]. 系統工程理論與實踐, 2011, 31 (2): 214-220.

[384] 張躍軍, 魏一鳴. 化石能源市場對國際碳市場的動態影響實證研究 [J]. 管理評論, 2010, 22 (6): 34-41.

[385] 張自然, 丁日佳. 人民幣外匯市場間不對稱匯率變動的實證研究 [J]. 國際金融研究, 2012 (2): 85-95.

[386] 趙華. 中國股市的跳躍性與槓桿效應——基於已實現極差方差的研究 [J]. 金融研究, 2012 (11): 179-192.

[387] 趙華, 秦可佶. 股價跳躍與宏觀信息發佈 [J]. 統計研究, 2014, 31 (4): 79-89.

[388] 趙魯濤, 李婷, 張躍軍, 等. 基於 Copula-VaR 的能源投資組合價格風險度量研究 [J]. 系統工程理論與實踐, 2015, 35 (3): 771-779.

[389] 鄭挺國, 劉金全. 隨機波動和跳躍下的短期利率動態 [J]. 系統工程理論與實踐, 2012, 32 (11): 2372-2380.

[390] 週五七, 聶鳴. 中國工業碳排放效率的區域差異研究——基於非參數前沿的實證分析 [J]. 數量經濟技術經濟研究, 2012 (9): 58-70.

[391] 周孝華, 肖建軍. 基於 Copula 函數的 IPO 定價研究 [J]. 統計與決策, 2008 (11): 38-40.

[392] 朱光, 陳厚生, 李平. 基於 Copula 的極大和極小期權定價 [J]. 統計與決策, 2006 (8): 26-27.

[393] 莊德棟. 歐盟碳市場相依結構和風險溢出效應對碳排放權價格波動的影響研究 [D]. 廣州: 華南理工大學, 2014.

[394] 鄒亞生, 孫佳. 論中國的碳排放權交易市場機制選擇 [J]. 國際貿易問題, 2011 (7): 124-134.

[395] 鄒亞生, 魏薇. 碳排放核證減排量 (CER) 現貨價格影響因素研究 [J]. 金融研究, 2013 (10): 142-153.

附錄　部分動態 Copula 模型參數估計結果

表 1　　學生 t 分佈的 TVC 模型參數估計

變量	R1/R2	R1/R3	R1/R4	R1/R5	R5/R6	R5/R7	R5/R8	R2/R6
LLF	857.27	784.76	678.63	367.46	643.60	556.18	505.30	372.30
AIC	-1,704.5	-1,559.5	-1,347.3	-724.91	-1,277.2	-1,102.4	-1,000.6	-734.59
BIC	-1,685.3	-1,540.3	-1,328.1	-705.72	-1,258.0	-1,083.2	-981.42	-715.41
	R2/R7	R2/R8	R3/R6	R3/R7	R3/R8	R4/R6	R4/R7	R4/R8
LLF	349.70	344.44	364.24	339.93	322.58	356.60	333.30	328.50
AIC	-689.39	-678.88	-718.49	-669.87	-661.77	-703.20	-656.61	-647.01
BIC	-670.20	-659.69	-699.30	-650.68	-642.58	-684.01	-637.42	-627.82

註：LLF 是對應的對數似然值；AIC 和 BIC 分別是各市場之間不同模型得到的最小信息準則，用以比較選擇模型的優劣。R1、R2、R3、R4、R5、R6、R7、R8 分別表示 Spot EUA、Dec10 EUA、Dec11 EUA、Dec12 EUA、Spot CER、Dec10 CER、Dec11 CER、Dec12 CER 市場；下同。

表 2　　高斯分佈的 TVC 模型參數估計

變量	R1/R2	R1/R3	R1/R4	R1/R5	R5/R6	R5/R7	R5/R8	R2/R6
LLF	811.14	756.12	652.63	338.30	616.36	531.19	484.32	360.20
AIC	-1,612.3	1,502.2	-1,295.3	-666.61	-1,222.7	-1,052.4	-958.64	-710.40
BIC	-1,593.1	-1,483.1	-1,276.1	-647.42	-1,203.5	-1,033.2	-939.45	-691.21
	R2/R7	R2/R8	R3/R6	R3/R7	R3/R8	R4/R6	R4/R7	R4/R8
LLF	329.08	308.84	338.71	339.94	322.50	345.09	317.43	301.22
AIC	-648.17	-607.69	-667.42	-669.87	-635.00	-680.17	-624.86	-592.44
BIC	-628.98	-588.50	-648.23	-650.69	-615.81	-660.98	-605.67	-573.25

表 3　　　　　　　高斯分佈的 DCC 模型參數估計（1）

變量	R1/R2	R1/R3	R1/R4	R1/R5	R5/R6	R5/R7	R5/R8
φ	0.081,9	0.052,2	0.090,5	0.091,8	0.035,7	0.118,6	0.104,2
φ	0.918,0	0.947,7	0.906,0	0.836,7	0.964,2	0.603,0	0.612,7
$1-\varphi-\varphi$	0.000,1	0.000,1	0.003,5	0.071,5	0.000,1	0.278,4	0.283,1
LLF	859.52	801.45	718.60	356.43	625.02	534.02	491.14
AIC	-1,709.0	-1,592.9	-1,427.2	-702.85	-1,240.0	-1,058.0	-972.27
BIC	-1,689.8	-1,573.7	-1,408.0	-683.67	-1,220.8	-1,038.8	-953.09

表 4　　　　　　　高斯分佈的 DCC 模型參數估計（2）

變量	R2/R6	R2/R7	R2/R8	R3/R6	R3/R7	R3/R8	R4/R6	R4/R7	R4/R8
φ	0.140,6	0.151,5	0.162,2	0.125,0	0.143,3	0.149,1	0.122,3	0.147,4	0.154,6
φ	0.804,7	0.771,7	0.754,5	0.826,8	0.794,7	0.783,5	0.829,6	0.793,8	0.780,8
$1-\varphi-\varphi$	0.054,7	0.076,8	0.083,3	0.048,2	0.062,0	0.067,4	0.048,1	0.058,8	0.064,6
LLF	370.20	345.22	335.95	364.84	339.94	332.70	356.78	335.39	328.55
AIC	-730.41	-680.44	-661.90	-719.67	-669.87	-655.41	-703.55	-660.78	-647.11
BIC	-711.22	-661.25	-642.71	-700.49	-650.69	-636.22	-684.36	-641.59	-627.92

表 5　　　　　　　　　　　　SJC-Patton 模型參數估計

變量	α 左	α 右	β 左	β 右	κ 左	κ 右	LLF	AIC	BIC
R1/R2	15.902	15.244	4.030,0	0.169,4	-7.774,1	-17.958	448.32	-886.64	-867.45
R1/R3	-0.914,5	17.684	16.953	-11.408	18.000	-17.927	495.69	-981.37	-962.18
R1/R4	-5.307,4	16.321	17.236	0.588,1	18.000	-17.737	470.99	-931.99	-912.80
R1/R5	8.443,4	9.313,2	-0.131,8	-0.101,9	-17.999	-17.999	171.43	-332.85	-313.66
R2/R6	8.529,0	9.283,7	-0.177,3	-0.158,6	-17.998	-17.999	172.63	-335.26	-316.08
R2/R7	8.387,7	9.057,0	-0.143,4	-0.118,2	-17.999	-17.999	164.34	-318.68	-299.50
R2/R8	8.189,7	9.068,0	-0.169,3	-0.124,8	-17.999	-17.999	160.67	-311.33	-292.14
R3/R6	8.452,6	9.235,4	-0.160,5	-0.141,9	-17.998	-17.999	170.67	-331.34	-312.15
R3/R7	8.307,6	8.969,8	-0.125,0	-0.106,0	-17.998	-17.999	158.88	-307.76	-288.57
R3/R8	8.096,6	9.040,0	-0.152,4	-0.106,7	-17.999	-17.999	154.25	-298.51	-279.32
R4/R6	8.373,5	9.145,1	-0.148,8	-0.140,0	-17.998	-17.999	163.78	-317.56	-298.37
R4/R7	8.253,0	8.860,9	-0.113,2	-0.109,6	-17.998	-17.999	153.15	-296.30	-277.11
R4/R8	8.109,9	8.938,3	-0.141,4	-0.110,2	-17.998	-17.999	145.38	-280.75	-261.56
R5/R6	10.381	10.469	-0.542,5	-0.519,5	-17.998	-17.999	266.41	-522.82	-503.63
R5/R7	10.089	10.123	-0.426,2	-0.440,2	-17.998	-17.999	248.39	-486.79	-467.60
R5/R8	9.761,0	10.098	-0.346,2	-0.363,7	-17.999	-17.999	236.42	-462.85	-443.66

註：κ 是動態 Copula 相依系數。

國家圖書館出版品預行編目（CIP）資料

歐盟碳排放交易市場的結構特徵研究 / 李瑾坤, 吳恆煜, 胡根華 著.
-- 第一版. -- 臺北市：財經錢線文化, 2019.10
　　面；　公分
POD版

ISBN 978-957-680-360-4(平裝)

1.工業經濟 2.碳排放 3.歐洲聯盟

555.1　　　　　　　　　　　　　　　　　　108016339

書　　名：歐盟碳排放交易市場的結構特徵研究
作　　者：李瑾坤、吳恆煜、胡根華 著
發 行 人：黃振庭
出 版 者：財經錢線文化事業有限公司
發 行 者：財經錢線文化事業有限公司
E-mail：sonbookservice@gmail.com
粉絲頁：　　　　　網　址：
地　　址：台北市中正區重慶南路一段六十一號八樓815室
8F.-815, No.61, Sec. 1, Chongqing S. Rd., Zhongzheng Dist., Taipei City 100, Taiwan (R.O.C.)
電　　話：(02)2370-3310　傳　真：(02) 2370-3210
總 經 銷：紅螞蟻圖書有限公司
地　　址：台北市內湖區舊宗路二段 121 巷 19 號
電　　話:02-2795-3656 傳真:02-2795-4100　　網址：
印　　刷：京峯彩色印刷有限公司（京峰數位）

　本書版權為西南財經出版社所有授權崧博出版事業股份有限公司獨家發行電子
　書及繁體書繁體字版。若有其他相關權利及授權需求請與本公司聯繫。

定　　價：420元
發行日期：2019 年 10 月第一版
◎ 本書以 POD 印製發行